中小学
实用课堂教学艺术

国元令　编著

金盾出版社

内容提要

本书吸收国内知名教育家的重要理论与实践经验，从实施新课程标准的实际出发，就如何改善课堂教学状况、提高课堂教学质量做了深入分析和论证。本书文字清新，语言通畅，结构严谨，可操作性强，对于中小学管理者和一线教师教学具有指导作用。

图书在版编目（CIP）数据

中小学实用课堂教学艺术 / 国元令编著 . —北京：金盾出版社，2015.10

ISBN 978-7-5082-9868-9

Ⅰ . ①中…　Ⅱ . ①国…　Ⅲ . ①课堂教学—教学研究—中小学　Ⅳ . ① G632.421

中国版本图书馆 CIP 数据核字（2014）第 280253 号

金盾出版社出版、总发行

北京太平路5号（地铁万寿路站往南）

邮政编码：100036　电话：68214039　83219215

传真：68276683　网址：www. jdcbs. cn

封面印刷：北京精美彩色印刷有限公司

印刷装订：北京万友印刷有限公司

各地新华书店经销

开本：880×1230 1/32　印张：7.125　字数：235千字

2015年10月第1版第1次印刷

印数：1～3 000册　定价：22.00元

（凡购买金盾出版社的图书，如有缺页、

倒页、脱页者，本社发行部负责调换）

前　言

　　课堂教学是学校教学工作的基本形式，是学生获取知识的主要渠道，是提高教学质量的关键，是实现素质教育的主要阵地。教师在课堂教学过程中，如果能够恰如其分地体现教学艺术和教学风格，课堂上的情境就能充分构建起来，学生的心情就愉快，精神就振奋，思路就开阔，解答问题速度就快，"以学生为主体，以教师为主导，以训练为主线"的"三主"式教学就会收到明显成效。反之，学生就会情绪低沉，精神不振，思路不畅，解答问题迟钝，教学就会呈现不良的效果。

　　充分掌握了课堂教学艺术，就会使教师充满激情，学生充满活力，课堂教学变得更为生动精彩。教育学家第斯多惠曾说过："教学的艺术不在于传授的本领，而在于激励、唤醒、鼓舞。"轻松和谐的课堂气氛能唤起学生学习的热情，愉快的情感体验会使人精神焕发、思维活跃。课堂上，教师的一个手势、一个眼神、一个微笑、一句话语，都可能在师生间产生强烈的情感共鸣，可以使课堂的氛围既轻松又和谐。

　　课堂教学艺术是用神奇的力量点化课堂的美丽，在给学生带来幸福和快乐的同时，也给任课教师自己带来无穷的快乐。当智慧和艺术充盈教室空间，教学过程时时流淌着诗意，处处洋溢着温馨，天天充满着激情，师生共同享受着课堂、享受着生活、享受着学习时，我们才可以说，这个课堂是有生命的课堂，是幸福的课堂，是师生向往的地方，是师生幸福的殿堂。而此时任课教师不再是仅仅作为知识的搬运工，教材的复印机，思想的克隆者，而是学生学习的引路人，前进的助力器，成长的催化剂。而这时的课堂就像诗人杜甫所说的"由来意气合，直取性情真"的复合地，是师生心与心的互动，情与情的交融，真正是师生共同成长的天地。

　　真正的课堂教学艺术似清水芙蓉，质朴无华。没有刻意雕琢，没有粉饰卖弄，没有曲意迎合，更没有故弄玄虚。真正的"讲究课堂教学艺术的课"无须张贴改革的标签，也不必追赶创新的时髦。有人听课或无人听课，提前通知听课抑或推门听课，课该怎样上，就应怎样上。课堂教学艺术是讲究唯真的，不是刻意追求的。一堂课留有些许"缺憾"，几多"瑕疵"，这当然不是上课老师追求的结果，而是事物的必然。有缺憾是真实性的重要指标，而唯有真实的课才配称得上"具有课堂教学艺术的课"。

每个学生来自不同的家庭，生活在不同的环境中，每个学生都有自己的爱好、长处和不足，都有独特的喜怒哀乐，他们有差异存在的客观性、普遍性和多样性。学生的个体差异是无所不在的，教师在教学的整个过程中，这些差异都会有所表现，它不仅仅体现在课堂表现和考试成绩上，还包括生理特点、心理特征、兴趣爱好等各个方面，这就十分需要我们作为教师能够正确判断每个学生的潜力，关注这些差异，艺术性地提出适合学生本人的有针对性的教育措施，不搞"一刀切"和"齐步走"，允许差异，承认差异，然后确定课堂教学的方式方法。

讲究课堂教学艺术，就要彻底改变"教师机械地一成不变地讲授，学生则百无聊赖地记录"的被动局面，避免那些游离于思维之外的检测性问题，克服不关注课堂教学的质量，一味强调讲和练，延长学习时间，增加做题数量的简单做法，使学生在课堂中有如沐春风的幸福感受，让数十个鲜活的生命在思想的原野上驰骋，在精神的苍穹里神游。

课堂教学艺术既是一门极具实践意义的科学，又是一项伟大的系统工程学，不但具有理论的精深与博大，而且具有强有力的应用性和实践性。课堂教学艺术能够在基层教育的讲台上得以充分体现，要靠广大一线教师去耕耘，去开拓，去挖掘，去实践，还有许多空白需要人们去研究，去填补，去总结，去升华，必须坚持不懈地去发展，去拼搏，去奋斗，去创造。而正是在这样一个不懈追求的过程中，才有了广大教师的专业成长，也才能够真正享受到课堂教学作为一个创造

过程的全部欢乐和智慧的体验。

　　本书在编写过程中，参阅、借鉴了国内知名教育专家、学者的著作、论文以及同行的教学经验，在此向诸位表示由衷的感谢。

作　者

作者简介

　　国元令，男，1955年12月生，辽宁省建平县人。大学文化，高级讲师，高级心理咨询师，辽宁省作家协会会员。著有《怎样让子女更优秀》《为美好的未来做准备》《班主任的智慧与工作艺术》《特殊教育学子歌》《楹联艺术探美》《教中小学生作对联》等十余部书籍。

目　录

第一章　课堂教学艺术概述

课堂教学是一门科学，又是一门艺术。课堂教学具有科学性、艺术性的"二重特性"，即以客观再现教学内容而求"实"的"科学性"和以主观表现思想情意而求"活"的"艺术性"。课堂教学艺术是这种科学地再现"实"与艺术表现求"活"而使师生发展求"优"的完美统一的一种综合艺术创造活动。所谓课堂教学艺术，就是教师运用语言、动作、表情、色彩、音响、图像（包括文字、符号、图表、模型、实物、标本）等手段，遵循教学规律、运用教学原则、创设教学情境，为取得最佳教学效果而组合运用的一整套娴熟的教学方法、技能和技巧。

第一节　如何理解课堂教学艺术

课堂教学艺术是一种特殊的实践艺术、过程艺术。课堂教学是一门艺术，是一种创造性的劳动。一名教师要真正做到"传道有术、授业有方、解惑有法"，课堂教学就会产生事半功倍的效果，让学生在轻松、愉快的氛围中掌握知识，从而尽可能充分提高课堂教学的质量。

一、从教学的主体来看，教学是一门艺术

因为教学是教师与学生的双向活动。教学的主体包括教师和学生，他们都在从事社会实践活动，都在进行艺术创造，表现自己的艺术天赋。现代生理学和心理学已经用充分的科学资料证明，人的生理结构不仅有真和善的功能，而且有美的功能；人的心理结构不但有真

和善的因素，而且有美的因素。人的审美特征和艺术天赋使人的一切活动具有艺术性的本源。所以，苏联著名教育家苏霍姆林斯基集丰富的教学经验和深厚的教学理论于一身，从理论与实践的结合上指出："教学和教育过程有三个源泉：科学、技巧和艺术。"

教师和学生分别是受过和正在受专门教育的人，他们本身的审美特性和艺术天赋已经得到开发，即学生对教师的言表具有审美观，而教师对科学的表达要有艺术性，也就是要幽默、诙谐、生动、有趣。教师和学生在作为完整的人进行"教"和"学"时，参与其中的不仅有真的因素、善的因素，使教学具有科学性和教育性，还有美的因素，使教学具有艺术性。

二、从教学活动来看，教学是一门艺术

高尔基有一句名言，即"人按其本性来说，就是艺术家"。这里的人，是指从事社会实践活动的一切人。而作为艺术家的人，必然在其活动中进行艺术的创造。教学作为人类最高级的实践活动，是科学技术和文化知识的生产和再生产的过程，是培养人、塑造人的特殊实践。在教学过程中的一举一动，无一不体现着教师和学生发挥自己聪明才智和艺术创造天赋。而一切审美和艺术都表现在教学过程之中，如教学语言、板书、问答、课外辅导等。在这个过程中，教师追求艺术的创造效果，学生渴望从听课中得到艺术的享受和表现。按照美的规律教学已成为教学主体追求的主要目标之一。近年来涌现出许多杰出的教学艺术创造者就是最好的证明。如李燕杰的演讲式教学艺术具有强烈的鼓舞和震撼力，像万能的磁石吸引着学生，使他们在教学的艺术中享受到深刻的教育；再如任小艾充满爱的教学艺术，以其富有情感的感染力，使学生好学、乐学、爱学，并从中得到美的享受。所以，教学过程在本质上有审美和艺术的创造。这是教学作为一门艺术的又一根源。

三、从教学内容看，教学是一门艺术

教学内容，无论是自然科学还是社会科学，都是真、善、美的统一，包含审美因素，具有艺术性。

从教学实践来看，教学艺术则是其中一个不可缺少的因素。要把教学科学理论应用于具有不同特点要求的教学实践，就离不开艺术。所谓"运用之妙，见乎一心"，讲的就是这一点。因此，完全可以说，教学艺术是连接教学科学与实践的桥梁。所以，进行教学艺术的研究对于教学理论建设和教学实践改革，都是十分必要的和有价值的。

第二节　课堂教学艺术的本质特征

关于课堂教学艺术的本质特征，人们有多种不同的认识与理解，归纳起来大致有以下七种观点。

一、乐学说

这种观点把教学的效果——使学生会学、善学、乐学看作课堂教学艺术的本质。即快乐教育是教学艺术的真谛与精髓。快乐教育技巧达到炉火纯青的层次，才能说是实现了课堂教学艺术。

二、激励说

这种观点认为，教学艺术的激励功能是教学艺术的本质。德国教育家第斯多惠认为，"教学的艺术不在于传授的本领，而在于激励、唤醒、鼓舞"。甚至有的教育家说，教育者同自己的教育对象的每一次接触都能激发他们的心灵热情，这件工作做得愈细致，愈有感情，从孩子心灵深处涌出的力量便愈大，他们便在愈大的范围内复现教师自身的形象。

三、技巧说

这种观点把教学技能看作教学艺术的本质。认为"所谓教学艺术就是培养人才的能取得最佳效果的一整套娴熟的教学技能技巧"。

四、规律说

这种观点把依据教学的固有规律并结合自己的发挥、创造，灵活运用教学方法来组织教学看作教学艺术的本质。

五、创造说

这种观点把教学工作的创造性特征看作教学艺术的本质。如苏灵扬认为，"教师之所以称为艺术家，是因为教师的劳动本身就是创作，而且比艺术家的创作更富有创造性"。

六、审美说

这种观点把教学的审美看作课堂教学艺术的本质。他们认为，所谓现代教学艺术，是指遵循美的规律，贯彻美的原则而进行的创造性教学。

七、表演说

这种观点把教学艺术看作一种表演行为。认为教学是一种独具特色的表演艺术，它区别于其他任何表演艺术，这是由教师与那些观看表演的人的关系所决定的。

教育学者阎承利认为，教学作为一种艺术，是一门综合艺术，其中既包括运用教学方法的技能技巧，也包括遵循艺术的一般审美原则进行的审美教育活动，还包括体现教师个性而独具特色的艺术创造性活动。教学过程是一个视觉、听觉、触觉、运动参与的多样性活动，其中融合了多种艺术手段，如语言艺术、体态艺术、色彩艺术、音响艺术、节奏艺术、启发艺术、引导艺术等。概括地说，课堂教学艺术就是在教师遵循教学规律和艺术审美原则，为取得当时条件下最优化的教学效果，综合运用一整套娴熟的教学手段、方法与技巧而进行的卓有成效的创造性教学实践活动。其本质特性在于求实、求活、求美、求趣、求新、求效。

求实。是指要遵循教学的基本规律和教学最优化的原则，并结合自己的特点、学生的实际来进行教学。"没有教学的合规律性和合个性，就没有教学艺术的创造性、表演性和审美性。只有教学的合规律性和合个性的统一，教学才能成为引人注目、令人为之倾倒的艺术品，教师才能成为受人钦佩的教学艺术家。"

求活。是指要注意运用各种教育教学手段、方法和技巧来丰富课堂教学，提高教育教学的质量与效益。教学艺术是在科学的再现求实中，师生对特定的教学内容进行活化，以达到科学再现与艺术表现的完美统一。

求美。是指要注意对学生进行审美教育，培养他们积极向上的审美意识和情趣，使他们全面、和谐、健康地发展。就是说，"教学艺术是通过诱发和增强学生的审美感以提高教学效果的手段，这种手段的运用能使学生在有益身心健康的积极愉快的求知气氛中，获得知识的营养和美的享受"。

求趣。是指要想方设法激发学生的学习兴趣，让学生对你所教的课程，变被动学习为主动学习，正如卢梭所说："教育的艺术是使学生喜欢你所教的东西。"

求新。是指要注意在学习别人教学艺术的基础上，发挥自己的聪明才智，进行创新与发展，显现自己鲜明的教学个性。只有做到这一点，才称得上掌握教学艺术。创造是一切艺术的特质，没有创造也就无所谓艺术。这些创造或表现为对常规的、传统的教学模式的突破而代之以各种革新；或表现为对课堂结构的新颖而独到的设计；或表现为对学生积极向上的心理塑造；或表现为对教学内容的熟练把握和驾驭……总之，要充分显现自己独特的、新颖的、个性的东西。

求效。衡量教学艺术最终要看两条，一是看教学效果，二是看时间消耗。即在规定时间内取得一般教师所不能取得的教学效益。

第三节　课堂教学艺术的特点

俄国教育家乌申斯基说，"教育是一切艺术中最广泛、最复杂、最崇高和最必要的艺术"。课堂教学艺术具有以下明显特点。

一、形象性

形象性是课堂教学艺术最基本的特点，是指教师在课堂中的行为，是一切外观行为的综合表演。即教师的衣着打扮、授课态度、身姿动作、实验操作、口语板书等，并借助语言、表情、动作、直观事物、绘画及音响等手段，对讲授的内容进行形象的描绘，把抽象的理论形象化，变为学生易于接受的知识。

教学科学主要运用严密的逻辑来达到教学目的，教学艺术则主要运用生动、鲜明、具体的形象来达到教学目的。要把抽象的理论形象化，变为学生易于接受的知识，就要借助语言、表情、动作、直观事物、绘画及音响等手段，对讲授内容进行形象的描绘，这是学生理解、接受知识的首要条件。其中，教师语言的形象性最为重要，通过比喻、类比，可使学生立得要领、顿开茅塞、透彻理解。

形象性主要表现在以下几点：一是运用形象化语言来讲解知识，包括概念、定理等，使学生通过具体的感性形象思维活动来把握抽象的理性知识。如通过给学生讲述贝多芬的生平故事来讲解贝多芬的乐曲，等等。二是运用绘画、素描、图表等板书手段来解释知识，使学生准确有效地把握各种复杂的关系。如通过让学生在黑板上自填音符的方法让学生在自己的试唱中掌握某一支乐曲的流畅性和高潮，等等。三是运用电视、电影、卡拉OK等手段来辅助教学，使学生通过视听艺术形象地学习和掌握知识。如通过让学生反复听国歌来体会国歌中的教育意义，配合音乐声调的抑扬顿挫来理解歌词的深刻含义，就十分形象和生动了。

二、情感性

教学艺术主要运用的是情感，以情动人。教学的情感性和教育性是紧密结合在一起的，教师的情感与学生的学习成绩之间呈明显的正比例关系。教学科学主要运用理性，以理服人；而教学艺术则是运用情感，以情感人。

心理学研究表明，情感性教学比单纯的知识性教学效果好得多。运用情感手段来达到教学目的可以表现在教学的各个方面或环节中。例如，创设情感教学的环境和气氛，使学生及师生之间感情融洽和谐，容易产生共鸣。教师所表现的热情、乐观、友善和满面春风的教态与表现出的冷漠、忧郁、严厉和满面愁云的教态相比，其教学效果是不一样的。再如，语文、音乐、历史等学科中，本来就包含着丰富的情感内容，如果挖掘、转化得好，对学生便有强烈的感染和激发作用。所以，艺术性教学水平高的教师都表现出情感性教态，创设富有感情的情境，通过挖掘教学内容中的情感因素，把学生置于一种情感激发和陶冶的气氛中，使之为其所感、为之所动，进而转化为强烈的学习动机，以获得良好的教学效果。

三、创造性

创造性是一切艺术的生命，也是教学艺术的突出特点。没有创造，就没有教学艺术。教学艺术的创造性首先表现在备课钻研教材创造性地思考；创造性地设计教学实施方案；教学方案组织实施的创造性。

教师的劳动本身就是创作，而且比艺术家的创作更富有创造性。教学艺术特别要求具有求异性和独创性。在教学实践中，具有教学艺术素养的教师其教学与别人小同而大异，具有自己独特的风格和特色。教学艺术中的创造性，除了具有求异性和独创性以外，还应具有应变性。及时、巧妙、灵活地处理教学中事先未意料到的偶发事件。"应变"是教师一切创造中最复杂的创造之一，是一切教学智慧和机智的艺术结晶。它限时、限地、限情境地要求撞击教师创造性灵感的火花。这不仅要求教师要有高度的艺术修养，还要具备创造性的思维品质。是否具有"应变"的创造才华，是区别"平庸教书匠"和创造性教师的重要尺度。

四、审美性

审美性是教学艺术最突出的特点。教学艺术的审美性表现在教学设计的美、教学过程的美、教学语言的美、教态的美、板书的美等方面。

教学设计的美表现为教学计划、方案新颖，别具一格而又具有可行性，富有成效。教学过程的美表现在整个教学过程自然流畅，起（开始）能引人兴趣；承（上下衔接）能环环紧扣，别具匠心；转（转化）能自然畅达，波澜起伏，引人入胜；合（结尾）能令人顿开茅塞，豁然开朗，或者余味无穷，发人沉思。

教学语言的美表现为生动形象、言简意赅、精确明快、富有情感。

教态的美表现为衣着打扮美观大方，仪态端庄，态度真诚、热情，举止潇洒、自然等。

板书的美表现为布局设计比例协调，对比鲜明，有系统而又重点、难点突出，书写规范而且漂亮、工整等。

必须明确指出，在教学艺术中，审美仅仅是手段，是从属于教学效益，并以教学效益为取舍标准。

五、即兴性

"即兴性"原为一般艺术中的术语，指艺术创作中不事先酝酿、排练、准备等，临近现场发挥，随兴致灵活表演，产生出人意料的艺术效果。教师在教学中犹如演员进入艺术创作的角色，在此过程中随自己的情感、直觉、兴致、灵感等产生的作用而表现出相应的即兴发挥，这种即兴发挥不在原教学设计和方案之内，但顺乎教学情境之自然或必然，有锦上添花之功效。此外，教学艺术的即兴性还表现在处理教学中产生的突发性问题上，比如，学生提出了意外的问题，对这些问题恰当而迅速地回答，便是一种即兴的发挥。值得说明的是，教学的即兴性与教学中的计划性并不矛盾，因为即使再周密的教学计划，运用或执行起来也需要有灵活性和创造性。这种有计划又不拘泥于计划，善于创造，就是教学艺术的即兴性特点。

可见，教学的艺术特点表明教学不仅是对知识的传授，还是对艺术的享受，它是教学过程在更高层次上的体会。把握教学艺术的特点，是我们了解和运用教学艺术的关键。

第四节　课堂教学艺术的实施过程

世界上任何事物都是作为一个过程而展开的。教学也是一个过程。我们所讨论的教学的艺术就是重要表现在教学过程中的艺术。当我们明确教学是一门艺术后，下面就是要探讨如何把这种艺术贯穿于教学实践的过程之中。

　　一般来讲，教学的艺术性在教学过程中可以划分为以下几个阶段，即融洽畅达的沟通艺术；引人兴趣的导入艺术；水到渠成的衔接艺术；波澜起伏的流程艺术。

一、融洽畅达的沟通艺术

　　沟通艺术是指在教学开始和教学过程中，使师生关系融洽，相互关心，充分理解和完全合作，即在情感、心理上达到完全沟通。目前比较好的沟通不仅是在教师和学生之间进行沟通，而且能使学生之间也进行沟通，使学生之间做到互帮、互学、互教。这种多向沟通特别强调教师和学生两个方面的积极性。关于这一点，在许多教学艺术大师那里都有精彩的表现和独特的运用。例如，于漪老师把教学的多向沟通作为教学民主和教学相长的有效形式和途径。她说："教学中只有发扬教学民主，也才能真正了解学生。师生处于平等地位，感情才会融洽，思想才会一致，上课就能心心相印，浑然一体。因此，作为一个人民教师，发挥教学民主，不断从学生中补充营养，增长知识，丰富教学，应该是永不消失的火花。"

　　此外，在教学中还要注意学生反馈过来的信息，以便改善教学教法，提高教学沟通的效率。比如，有位音乐教师在讲国歌的时候，就注意采用多种方法让学生参与，通过独唱、重唱、对唱、齐唱、合唱和教师领唱等多种方式让学生在各种不同唱法中理解歌词大意，互帮互学。这样既做到相互畅达，又形成了融洽完美的教学境界。而绝不能"把音乐当作机械的技能去训练，把学生当作杂技演员似的去训练……这就从根本上违背了音乐作为人类艺术的本性，与音乐人类学的基本原理背道而驰"。

二、引人兴趣的导入艺术

　　导入是教学过程的起始环节，它的重要特征是引起学生的兴趣，或是因好奇而感兴趣，或是因困惑有疑而感兴趣，或是因新鲜生动而感兴趣。有了兴趣，学习才有动力，教学也就成功了一半。一般来讲，教学过程的开始环节就像整台戏的序幕，如果设计安排得有艺术，就能牵引整个教学过程，收到先声夺人、一举成功的奇效。

一般来讲，有趣地导入新的教学情境的方法很多，如激情式、趣例式、质疑式、讨论式、问答式和精彩语言式等。在现实教学实践中，并没有固定的套路和模式去套用，教师在实际选择导入的艺术方法时，必须根据自己的个性特点、教学内容和教学风格以及学生的心理特征，灵活地选择适合自己的方式。而选择本身也是一种艺术。

三、水到渠成的衔接艺术

教学过程是由一系列逻辑环节或步骤组成，环节或步骤之间需要衔接，这就需要衔接艺术。衔接艺术的主要特征是水到渠成。既要求自然合理，又要求天衣无缝，犹如珠联璧合。有了衔接的艺术，教学过程就富有逻辑性，就自然流畅、丝丝入扣，成为一个统一完美的整体。

正确地掌握和运用衔接艺术，主要应考虑两个因素：一是前后环节内容的联系。比如，在讲《英雄赞歌》时，音乐教师先插入电影《英雄儿女》中的片段，让学生在看到战斗英雄王成的英勇事迹同时，也就听到了《英雄赞歌》。由电影画面先吸引学生，把学生的情感融入硝烟滚滚的战火中，再通过教师的讲解去体会歌词和唱法，使学生能够身临其境地领会到歌曲的主题，而且难以忘怀。这样使学生在听、唱、想之间有了较好的衔接；二是要考虑到学生学习的心理状况，通过经常调动学生学习的注意力和情绪进行衔接。

四、波澜起伏的流程艺术

教学是一个流动的程序，其艺术特征是具有波澜起伏的美感，它不是平铺直叙，也不是平淡无味，而是有过渡、有积聚、有高潮的动静交替，从一个意境达到另一个意境的深入过程。

第五节　课堂教学艺术与教学模式

课堂教学艺术是"在教学方法上，永远会有那么一种只能称之为艺术的部分，它是每一位教师经过长期摸索，反复试行才获得的结果"。教学艺术应该是建立在对教学原则、教学方法、教学手段自由的、创造性的应用之上的。它追求的是科学性与艺术性的统一。

"模式"一词是教育学从现代科学技术中借用过来的，是想说明在一定的教学思想和理论指导下所建立起来的各种类型教学活动的基本框架或结构。概括地说，教学模式是指在一定教学思想、教学理论指导下，经过长期实践建立起来的各种教学活动的基本结构，它是教学艺术的基础，是沟通教学理论与实践的中介和桥梁。

中外教育史上有许许多多不同的教学模式，其中对我国教育影响较大的有：

一、赫尔巴特教学模式

德国教育家、心理学家赫尔巴特把教学过程理解为在教师的引导下，学生的观念积极活动的过程。他认为，教学只有在儿童已有的经验（统觉理论）的基础上，才能得以顺利进行。"没有经验任何事物的儿童，是不能接受教学的。"统觉过程的完成大体上具有三个环节：感官的刺激、新旧观念的分析与联合、统觉团的形成。为此，他把教学活动分为"明了、联合、系统、方法"四个主要阶段，被称之为"四步教学法"。与此四个阶段相对应，学生的心理状态(或称兴趣状态)也可分为"注意、期待、探究、行动"。他认为，教学过程应通过静态和动态的"专心活动"以及静态和动态的"审思活动"这两个环节实现。

"四段教学法"转变为"五段教学法"：戚勒把"明了"一步分为"分析"和"综合"两步，其余仍为三步（与赫尔巴特相同），而成为"五段教学法"。戚勒的弟子来因，认为戚勒所用的名称不当，改五段的名称为预备、提示、比较或联想、总结、应用。这就是现在所谓的"五段教学法"。

五段教学法包括：预备——唤起有关的旧观念，以引起对新知识的兴趣；提示——讲授新教材；联想（比较与联想）——对新旧知识进行分析比较，使之建立联系；总结——得出结论、定义或法则；应用——运用得出的概念或法则解答课题或练习。这个学派试图把教学阶段建立在心理学的基础上，使教学能按照合理的步骤进行。

二、杜威教学模式

美国教育家杜威在教学论方面的主要思想是做中学，即要从儿童的实际生活出发，提出能够引起儿童主动关注的问题，在解决问题的过程中学习知识。杜威认为，学校过分重视学生积累和获得知识资料，以便在课堂问答和考试时照搬，知识常常被视为目的本身，于是学生的目标就是堆积知识，需要时炫耀一番。但是学生对于在课堂上所学的抽象的、遥远的、冷漠的知识没有好感，也没有真正理解这些知识所包含的意义。学习的材料与儿童的生活情境相脱离，使得学校成为束缚儿童思维的地方。做中学就是要像儿童在现实生活中学习知识的方式学习。儿童虽然缺乏知识，但是他们在自己的生活中经常会遇到疑难问题，这时候他们就像科学家一样，高度关注面临的问题，调动一切积极性，去努力解决。在这个过程中，儿童增加了经验，理解了意义，获得了知识。在熟悉的环境里学习，所学习的东西就能产生意义的理解，而不是像现在制度化的分门别类的课程那样与实际的生活经验相隔离，只是一些抽象知识的灌输，缺乏意义的理解。

以"做中学"为理论基础，杜威倡导问题解决教学模式。所谓问题解决教学模式，就是引导学生运用智慧去探究或探索，以解决问题的一种方法。问题教学法的价值在于，一方面可以避免传统教育灌输教材的方法；另一方面，学生可以在解决问题的过程中获得真知。

杜威认为，科学家解决问题的过程从本质上是一个试图达到理智决定的过程，这个过程可以概括为五个步骤。与之相对应，在课堂教学的实践中也有五个步骤。分别是：

（1）学生必须要意识到一个问题。

（2）在学生意识到问题以后，他必须随着探索并清楚地界定这个问题。

（3）一旦对情景做过透彻的检查和分析，就会产生诸如一个人原先进行的活动怎样才能继续下去，和怎样将原先的活动改造为比较适当的形式等提示。

（4）学生要推论出这些提示的含义。他要在头脑中想象，如果按每一个提示去行动，那么其结果是什么。

（5）最后，他要对通过活动最可能实现他目的的提示、假设或理论加以检验。

从思维过程的五个步骤到教学过程的五个步骤，杜威倡导问题教学法，意在培养学生的思维能力。

三、皮亚杰教学模式

皮亚杰是瑞士著名心理学家和认识论专家。他的思想十分丰富，可以简略地归纳为以下几点：

（1）智慧的本质是适应，个体在适应环境中是能动的；

（2）适应是通过认知结构的同化和顺应这两种机能来实现的；

（3）认知结构是人的活动（动作结构）的内化的产物；

（4）认识就是活动进行的建构过程；

（5）建构分四个阶段，即感知运动阶段、前运算阶段、具体运算阶段和形式运算阶段，每个阶段各有其发展任务和内容；

（6）影响发展的因素是多方面的，一是成熟水平，二是经验环境，三是社会交往，四是平衡能力；

（7）同化—顺应——平衡是儿童智慧发展的内在机制。

皮亚杰的这些理论对教育学有十分重要的启发意义。要充分肯定学生在教学过程中的主体地位。他将行为主义的"刺激—反应"公式改为"刺激—结构同化—反应"公式，原因就是他认为儿童具有能动性。要特别注重儿童活动。他认为人们认识形成主要是一种活动的内化作用，即主体对客体的行动。

有人根据这些理论设计了一些皮亚杰的教学方案："探究—研讨法"。具体操作程序：感知—表象—符号—应用。其中外部模仿和内部知觉共同形成表象，这种表象是实际动作在头脑中的内部的符号缩影。还有人提出了"探—发明—应用"的三阶段学习循环论。

四、布卢姆掌握学习模式

美国B.S.布卢姆在20世纪70年代创立的"掌握学习"教学理论，

对教学有很大影响。"掌握学习"教学模式,采取班级教学和个别辅导相结合的方式,以班级教学为基础,辅之以经常、及时的反馈,提供学生所需要的个别帮助和所需额外的学习时间。美国对掌握学习教学模式进行了较为长期的实践。据统计,1982年美国有3000所学校、百万以上学生接受"掌握学习"模式实验。许多实验班的教学证明,这一模式可以使80%以上的学生获得在普通班中只有20%的学生才能达到的成绩水平。许多国家,包括我国,也进行了这一教学模式的实验。

掌握学习教学模式基于以下的教学理论:95%以上的学生在学习能力、学习速率、学习动机方面,并无大的差异;产生学生学习差异的主要因素不是遗传或智力,而是家庭与学校的环境条件;如果大多数学生都有足够的学习时间,接受了合适的教学,就能掌握世界上任何能够学会的东西;教育的根本任务是找到既考虑个别差异又能促进个体充分发展的策略。

掌握学习的目标是:发挥学生的学习潜力和学习积极性,使大多数学生掌握教材所规定的知识技能,取得优良的成绩。

掌握学习教学活动的实施步骤如下。

(1)详细规定长期目标,把最主要、最基本、具有较大潜在迁移性或应用价值的目标定为掌握目标,把其他目标作为一般了解目标。根据目标编制期末终结性测验,评定学生学习成绩的覆盖面及评价学习的质量。

(2)把课程分解为一系列学习单元(每单元1~2周)。制定单元教学目标。针对单元目标编制简短的形成性测验,诊断学生在本单元学习内容广度和深度上的掌握情况。

(3)设计单元掌握学习计划,帮助学生达到单元教学目标。同时设计有效的反馈——矫正计划,利用形成性测验提供的反馈信息,提供选择的教学材料及各种形式的学习活动(如提供不同的教科书、视听材料、教师个别辅导,学生讨论,相互帮助等),帮助未掌握者矫正学习中的差错。同时设计已掌握者的活动,可以让他们成为未掌握者的教师，或自学或从事其他学科的活动，或非学术性活动（如消遣性阅读），充实有关课外知识，深化本学科的学习。一般每个单元进行1～2周。

掌握学习教学模式具有如下特点：一是不改变学校和班级组织，在普通的学年制班级里实施。既进行集体教学，又针对个别情况进行反馈—矫正。一定程度上解决了集体教学与个别需要之间的矛盾。二是教学评价贯穿于教学过程。通过形成性测验，可以使学生确认自己完成教学目标的情况，及时调整学习活动。已达到目标的学生，可以产生成功的满足感，更积极地参与下一单元的学习；未达标的学生可以了解自己有哪些基础知识或能力未能掌握，明确努力方向，进行矫正。三是教师认为所有学生都能学好功课的信念，对学生学业成功的期望，对增强学生学习自信心，激发学生学习动机，起促进作用。

运用掌握学习教学模式，要求每一单元教学，都要有形成性测试题和再次形成性测试题，同时对未掌握者要分别安排矫正或其他活动，使之都能有所收获有所提高。所以，教师要付出更多的时间和辛劳。

五、斯金纳程序教学模式

B.F.斯金纳是美国著名的教学心理学家。他通过动物实验建立了操作行为主义的学习理论，并据此提出了程序教学论及其教学模式，曾给20世纪50年代的美国和世界的中小学教育带来了广泛影响。

斯金纳程序教学模式教学原则是：首先，要仔细地考虑在特定的时间里计划教学的内容是什么，这些教学内容最终是要通过学生的行为的获得来表示的。其次要考虑有哪些可以利用的强化物。这种强化物包括两种：一种是学习者在学习过程中对所操纵的材料具有强烈的兴趣性；另一种是在学习过程中给予学生奖励，譬如教师的一个善意的微笑、一句肯定的赞语、一件奖品等；还有一种，强化的最有效的安排，即教师要把非常复杂的行为模式逐渐精致地做成小的单位或步骤，也就是把教学目标进行具体分解，确定每个步骤所保持行为的强度，以使强化的效果能提高到最大限度。编制程序学习的流程，一般要遵循以下几个原则：

（一）积极反应原则

一个程序教学过程，必须使学生始终处于一种积极学习的状态。也就是说，在教学中使学生产生一个反应，然后给予强化或奖励，以巩固这个反应，并促使学习者做进一步反应。

（二）小步子原则

程序教学所呈示的教材是被分解成一步一步的，前一步的学习为后一步的学习做铺垫，后一步学习在前一步学习后进行。由于两个步子之间的难度相差很小，所以学习者的学习很容易得到成功，并建立起自信。

（三）即时反馈原则

程序教学特别强调即时反馈，即让学生立即知道自己的答案正确，这是树立信心、保持行为的有效措施。一个学生对第一步（学习的前一个问题）能做出正确的反应（回答），便可立即呈示第二步（第二个问题），这种呈示本身便是一种反馈：告诉学生，你已经掌握了第一步，可以展开第二步的学习了。

（四）自定步调原则

程序教学允许学习者按个人自己的情况来确定掌握材料的速度。这与传统教学在课堂传授中一般以"中等"水平的学习者为参照点的教学法不同，传统教学法使掌握快的学生被拖住，而学习慢的学生又跟不上，致使班级学生之间学习水平差距越来越大。程序教学法相对显得比较"合理"，每个学生可以按自己最适宜的速度进行学习。由于有自己的思考时机，学习较容易成功。程序教学的设计当然要按照教材内部的逻辑程序，既要保证学习者在学习中把错误率减少到最低限度，又要合理地设计教材，使每一个问题（每一小步）都能体现教材的逻辑价值。

斯金纳程序教学模式教学的程序：

（一）直线式程序

这是斯金纳首创的一种教学程序，是经典的程序教学模式。在这一流程里，教师把材料分成一系列连续的小步子，每一步一个项目，内容很少。系列的安排是由浅入深，由简到繁。

（二）衍枝式程序

由于各个学生的学习能力及已有知识的基础是不一样的，另外，学习材料本身也有难易程度的区分，因此有人便在经典程序的基础上提出了两种变体。衍枝式程序便是一种，是由美国人A.克劳德提出来的一种可变程序模式。这一模式同样把学习材料分成小的逻辑单元，但每一步比直线式程序的步子要大，每个项目的内容也较多。学生掌握一个逻辑单元之后，要进行测验。测验用多重选择反应进行，根据测验结果决定下一步的学习。这种程序有助于消除不同能力的学生之间的学习差异。

（三）莫菲尔德程序

这个程序是美国心理学家凯（Kay．H）在莫菲尔德大学任教时提出的一种程序教学模式，它是直线式和衍枝式程序原则的结合。这一模式遵循的始终是一个主序列，它与直线式程序不同的是，只有一个支序列来补充主序列；它与衍枝式程序不同的是，学生通过支序列的学习不再回到原点，而是可以前进到主序列的下一个问题上，这样有利于学习效率的提高。相比较而言，衍枝式程序和莫菲尔德程序比直线式程序更优越，因为这两个程序更能适应个别差异的需要，能够为不同学生提供不同的学习程序。一个教师要实施程序教学，必须借助于程序式的教材，或者进行机器教学。用机器来代替教师在课堂教学中的大量机械行为，教师才有可能集中精力设计"小步子"，提出适应程度不同的学生的学习要求，并做到及时反馈。

六、合作教学模式

这种教学模式以苏联的"合作教育学"为思想基础，是以尊重学生的个性，深刻体现人道主义精神为宗旨的教学模式，其主要特点是师生之间建立相互信任、相互尊重的合作关系。这一模式的目标是形成儿童良好的个性，使他们的精神力量得到充分发挥。

研究者认为，合作学习之所以能够使教学和学习取得成功，有三个原因：第一，在合作学习的情境中，学生所接受的帮助不仅来自教师，也会来自同伴，而同伴的帮助对学习是一种非常有效的支持。第二，同伴更可能为那些需要帮助的同学提供学习方面的社会性支持，如鼓励、表扬，而那些学习"偷懒"的学生也会更多地受到别人的监督和批评。第三，与仅仅接受教师的讲解相比，合作学习中还有同学的"互教"和讨论，这样会加深、拓展学习的深度和广度。

七、布鲁纳发现学习教学模式

布鲁纳是20世纪60年代学科结构运动的倡导者。在教学设计上，他提出了"发现学习"的主张，形成了独特的教学设计模式。

发现学习就是不把学习内容直接呈现给学习者，而是由他们通过一系列发现行为（转换、组合、领悟等）发现并获得学习内容的过程。这种学习具有以下基本特征：第一，注重学习过程的探究。第二，注重直觉思维。第三，注重内部动机。第四，注重灵活提取信息。

布鲁纳认为，儿童的认知发展是由结构上的三类表征系统及其相互作用构成的质的飞跃。这三类表征系统包括行为表征、图像表征和符号表征。"即通过行动或动作、映像或图像以及各种符号来认识事物，它们的相互作用，是认知生长或智慧生长的核心。"在他看来，结构课程的开发及发现学习的指导，都必须与特定阶段儿童表征系统的特点相适应。

八、洛扎诺夫暗示教学模式

暗示教学模式是保加利亚的洛扎诺夫研究总结提出来的，主要用于语言教学。暗示教学曾在保加利亚5000多名学生中实验，得到肯定。在实验中，初中生一天可学会50～100个外语词汇。成人一个月可学会2000个外语词汇，记忆率高达98％，并能运用日常用语流利地会话。20世纪70年代，在东欧、北美、西欧一些国家和日本进行过实验。80年代，我国一些地区的学校也进行了这方面的实验。

暗示教学模式的理论依据是暗示原理，即让学生在接受暗示中学习。暗示教学使形象的和抽象的内容同时作用于学生，学生大脑的两个半球同时得到利用。在学习新的内容时，人脑两部分并用，比用一个部分效果要好。暗示教学使学生的无意识心理活动发挥作用。处于精神轻松状态下的无意识心理活动，有利于激发一个人的超强记忆力。

暗示教学的基本操作程序，以语言教学为例表现为：说明内容—朗读—边播放音乐、边朗读—角色表演—伸展活动。

暗示教学模式的特点是，让学生处在轻松愉快的学习环境中，运用暗示、联想、练习和音乐等综合手段、方式，诱发学生学习需要和兴趣，使大脑两半球协调活动，有意识和无意识心理活动相结合，形成学习的最佳心理状态，从而充分发挥学习潜力，提高教学效果。

九、集体授课教学模式

集体授课教学模式是通过讲授、谈话、板书、演示或其他媒体向一定规模的学生群传递教学信息的教学形式。既可在教室中，也可在其他场合进行；可以是教师对学生的面授，也可以通过广播、电视、电影等媒体间接传授。或者将面授与媒体相结合。均由教师在一定时间间隔内单向传递教学信息，学生处于接受学习的状态。学生群人数较少时，可有一定程度的双向交流。这种教学形式由于能同时面对大量学生，并在规定时间内呈现较多信息，成本低、效率高，又为师生所熟悉和容易接受，至今仍为许多国家普遍运用。

十、自主学习循环模式

这是由齐莫曼等人于20世纪90年代开发的一种教学模式。认为培养学生的自主学习能力，教师必须转换自己在传统课堂上所扮演的角色，应该让学生对学习进行自我监控，要求学生以个人或小组的方式分析自己的学习材料，应帮助学生学会设置合适的学习目标、选择相应的学习策略。强调学生应用具体的方法激励和指导自己的学习。

十一、传递—接受式教学模式

该教学模式源于赫尔巴特的四段教学法，后来由苏联凯洛夫等人进行改造传入我国。很多教师在教学中自觉不自觉地都用这种方法教学。该模式以传授系统知识、培养基本技能为目标。其着眼点在于充分挖掘人的记忆力、推理能力与间接经验在掌握知识方面的作用，使学生比较快速有效地掌握更多的信息量。该模式强调教师的指导作用，认为知识是教师到学生的一种单向传递的作用，非常注重教师的权威性。

该模式教学的基本程序是：复习旧课—激发学习动机—讲授新课—巩固练习—检查评价—间隔性复习。

复习旧课是为了强化记忆、加深理解、加强知识之间的相互联系和知识进行系统整理。激发学习动机是根据新课的内容，设置一定情境和引入活动，激发学生的学习兴趣。讲授新课是教学的核心，在这个过程中主要以教师的讲授和指导为主，学生一般要遵守纪律，跟着教师的教学节奏，按部就班地完成教师布置给他们的任务。巩固练习是学生在课堂上对新学的知识进行运用和练习解决问题的过程。检查评价是通过学生的课堂和家庭作业来检查学生对新知识的掌握情况。间隔性复习是为了强化记忆和加深理解。

十二、自学—辅导式教学模式

自学—辅导式的教学模式是在教师的指导下自己独立进行学习的模式。这种教学模式能够培养学生的独立思考能力，在教学实践中也有很多教师在运用它。

自学—辅导式的教学程序是：自学—讨论—启发—总结—练习巩固。教师在教学中根据学生的最近发展区，布置一些有关新教学内容的学习任务组织学生自学，在自学之后让学生之间交流讨论，发现他们所遇到的困难，然后教师根据这些情况对学生进行点拨和启发，总结出规律，再组织学生进行练习巩固。

十三、探究式教学模式

探究式教学以问题解决为中心，注重学生的独立活动，着眼于学生的思维能力的培养。探究式教学的基本程序是：问题—假设—推理—验证—总结提高。首先创设一定的问题情境提出问题，然后组织学生对问题进行猜想和做假设性的解释，再设计实验进行验证，最后总结规律。

十四、概念获得教学模式

该模式的目标是使学习者通过体验所学概念的形成过程来培养他们的思维能力。该模式主要反映了认知心理学的观点，强调学习是认知结构的组织与重组的观点。

概念获得教学模式的实施步骤：教师选择和界定一个概念—教师确定概念的属性—教师准备选择肯定和否定的例子—将学生导入概念化过程—呈现例子—学生概括并定义—提供更多的例子—进一步研讨并形成正确概念—概念的运用与拓展。

十五、巴特勒学习模式

20世纪70年代美国教育心理学家巴特勒提出教学的七要素，并提出"七段"教学论，在国际上影响很大。基本教学程序是：设置情境—激发动机—组织教学—应用新知—检测评价—巩固练习—拓展与迁移。

教学七步骤中的情境是指学习的内外部的各种情况，内部情况是学生的认知特点，外部情况是指学习环境，它的组成要素有：个别差异、元认知、环境因子。动机是学习新知识的各种诱因，它的主要构成要素有：情绪感受、注意、区分、意向。组织是将新知识与旧知识相互关联起来，它的主要构成要素有：相互联系、联想、构思、建立模型。应用是对新知识的初步尝试，它的构成要素有：参与、尝试、体验、结果。评价是对新知识初步尝试使用之后的评定，它的组成要素有：告知、比较、赋予价值、选择。重复是练习与巩固的过程，它的主要组成要素有：强化、练习、形成习惯、常规、记忆、遗忘。拓展是把新知识迁移到其他情境中去，它的构成要素有延伸、迁移、转换、系统、综合。

十六、抛锚式教学模式

这种教学模式要求建立在有感染力的真实事件或真实问题的基础上。确定这类真实事件或问题被形象地比喻为"抛锚"，因为一旦这类事件或问题被确定了，整个教学内容和教学进程也就被确定了。

抛锚式教学模式由以下几个环节组成。

（1）创设情境——使学习能在和现实情况基本一致或相类似的情境中发生。

（2）确定问题——在上述情境下，选择出与当前学习主题密切相关的真实性事件或问题作为学习的中心内容。选出的事件或问题就是"锚"，这一环节的作用就是"抛锚"。

（3）自主学习——不是由教师直接告诉学生应当如何去解决面临的问题，而是由教师向学生提供解决该问题的有关线索，并特别注意发展学生的"自主学习"能力。

（4）协作学习——讨论、交流，通过不同观点的交锋，补充、修正、加深每个学生对当前问题的理解。

（5）效果评价——由于抛锚式教学的学习过程就是解决问题的过程，由该过程可以直接反映出学生的学习效果。因此对这种教学效果的评价不需要进行独立于教学过程的专门测验，只需在学习过程中随时观察并记录学生的表现即可。

十七、范例教学模式

范例教学模式比较适合原理、规律性的知识。是中学思想政治课教学最基础的内容之一。它是德国教育实践家M. 瓦根舍因提出来的。

范例教学的基本过程是：阐明"个"案—范例性阐明"类"案—范例性地掌握规律原理—掌握规律原理的方法论意义—规律原理运用训练。

范例教学主张选取蕴含本质因素、根本因素、基础因素的典型案例，通过对范例的研究，使学生从个别到一般，从具体到抽象，从认识到实践理解，掌握带有普遍性的规律、原理的模式。所谓范例性地阐明"个"案，指用典型事实和现象为例说明事物的本质特征；所谓范例性阐明"类"案，是指用许多在本质上与"个"案一致的事实和现象来阐明事物的本质特征；范例性掌握规律原理是指从大量的"类"案中总结出规律和原理，在总结归纳的过程中，要注意对规律或原理的表述要准确，对规律原理的名称要清楚；掌握规律原理的目的和意义在于运用，因而教师要让学生掌握规律、原理的方法论意义；为了了解学生对规律和原理的掌握程度，从而获得反馈信息，规律原理的运用训练是教学必不可少的环节。

范例教学的教育原则：从个别入手，归纳成类，再从类入手，提炼本质特征，最后上升到规律与原理。

十八、现象分析模式

现象分析模式的基本教学程序是：出示现象—解释现象的形成原因—现象的结果分析—解决方法分析。在教学中，某种现象往往是以材料的形式出现的，学生要能通过现象揭示其背后的本质。

现象分析模式的教育原则是，现象能够反映本质规律，创设民主环境，充分发挥学生的主体性，让他们进行解释说明。

十九、加涅教学模式

加涅的学习层级论主要适用于智慧技能的学习。学习层级论，也称累积学习理论，其基本观点是：学习任何新的智慧技能都需要某种先前的学习，学习是累积性的。按照复杂性程度的不同，由简单到复杂，加涅将智慧技能分为八个层次：信号学习、刺激—反应学习、连锁学习、言语联想、辨别学习、概念学习、规则学习和高级规则学习。其中前四类学习是学习的基础形式，总称联想学习。学校教育更关注的是后面四类的学习。

加涅把人的学习过程等同于电脑对信息的加工处理，在他的学习理论中要点是：注意、选择性知觉、复诵、语义编码、提取、反应组织、反馈。

加涅教学模式的基本程序是按照电脑加工信息的步骤（环境—接收器—登记—编码—反应器执行监控—效应器—环境），他提出九步教学法：

①引起注意；②告知目标；③刺激回忆先决条件；④呈现刺激材料；⑤提供学习指导；⑥引发业绩；⑦提供业绩正确程度反馈；⑧评价；⑨增强保持与迁移。

加涅认为学习这九个阶段可分为三个部分，即准备、操作和迁移。

准备包括接收、预期、提取到工作记忆中。对应的教学事件是引起注意、告知目标、刺激回忆先前的知识。操作包括选择性知觉、语义编码、反应、强化。对应的教学事件是呈现刺激、提供学习指导、引出行为、提供反馈。学习迁移包括提取和强化、提取并一般化。对应的教学事件是评价行为、促进保持与迁移。

二十、奥苏贝尔教学模式

奥苏贝尔是认知结构理论的具体化的使用者。他通俗地认为认知结构就是书本知识在学生头脑中的再现形式，是有意义学习的结果和条件。他着重强调了概括性强、清晰、牢固、具有可辨别性和可利用性的认知结构在学习过程中的作用，并把建立学习者对教材的清晰、牢固、认知结构作为教学的主要任务。奥苏贝尔的有意义学习理论着重强调了认知结构的地位，围绕着认知结构提出的上位学习、下位学习、相关类属学习、并列结合学习和创造学习等几种学习类型，为新旧知识是如何组织的提供了一条较有说服力的解释。自他之后，认知结构理论才真正引起人们的重视并为人们广泛理解。

奥苏贝尔不仅正确地指出通过"发现学习"和"接受学习"均可实现有意义学习，而且还对如何在这两种教学方式下具体实现有意义学习的教学策略进行了研究，特别是对"传递—接受"教学方式下的教学策略做了更为深入的探索，并取得了成为教学论领域一座丰碑的出色成果——"先行组织者"教学策略。这是在分析与操纵三种认知结构变量（即原有认知结构的可利用性、可分辨性和稳固性三个变量）基础上而实施的一种教学策略，由于它具有认知学习理论作基础又有很强的可操作性，自奥苏贝尔于1978年提出以来，其影响日益扩大，目前，它已成为实现"有意义接受学习"的最有代表性、最具影响力，也是最见实际效果的教学策略之一。

第二章 课堂教学的设计艺术

课堂教学设计艺术是指教师在备课时，科学地运用系统方法，分析教学问题，确定教学目标，设计解决问题的步骤，选择相应的教学策略，分析评价教学效率，最终达到最优化的教学效果的过程。

第一节 教学设计的基本内容

一般来说，教学设计的内容主要包括以下几个方面：教学目标设计；根据学生现实发展水平确定教学起点设计；教学内容设计；教学时间设计；教学措施设计；教学评价设计。

一、教学目标设计

（一）设计教学目标的意义

教学目标是教学活动的出发点和归宿，是课堂教学的灵魂。因此，确定教学目标是教学设计中最先要考虑的问题。设计教学目标的意义主要表现为以下几个方面。

1. 教学目标是教师选择教学内容，运用教学方法、教学策略、教学媒体以及调控教学环境的基本依据。教学目标规定着教学活动的方向、进程和预期结果，或者说，它具体指引着教学活动往哪里走，只有知道了往哪里走之后，才能选择适当的内容、方法来达成预期目标。如缺乏清晰的目标，教学将失去导向，只能盲目进行。因此，设计教学的第一步即在确定明确的教学目标。

2. 教学目标是评价教学效果的基本依据。教学目标具有重要的评价功能，由于它具体规定着教学活动的预期结果和质量要求，因而在检验、评价教学效果时必须从目标出发，以教学目标为基本的评价尺度。缺少教学目标或教学目标不明确，都会给教学评价工作带来困难。从这个意义上讲，设计明确的教学目标也是由教学评价工作的需要所决定的。

3.教学目标是学习者自我激励、自我评估、自我调控的重要手段。由于教学目标能提供给学生一个明确的方向，使学生明确了通过学习要达到的具体目标，因而在学习过程中它可以有效激发学生学习的内部动力，增强学习的兴趣，帮助学生根据目标指引的方向不断调整学习方式，积极克服困难，为达成预定的学习目标而努力。

由此看来，教学目标在教学活动中发挥着指向、评价和激励等多方面作用。在教学设计中科学、合理地确定好具体的教学目标，对于保证教学活动的顺利进行具有十分重要的作用。

（二）设计教学目标的步骤

1.钻研教学大纲，分析教材内容。教学大纲是以纲要形式编定的有关学科教学内容及进程的指导性文件，它规定着某一学科的教学目的、教学任务、教学内容的知识范围、教学的时间分配以及教学法上的要求等，而教材则是教学大纲的进一步丰富和具体化。教学目标不是任意确定的，目标的设计必须首先立足于对大纲和教材的认真分析。通过认真钻研大纲，分析教材，做到能从整体上把握课程的基本结构，理清教材的知识体系。在此基础上，具体分析某单元的教学内容，找出其中的基本概念、基本原理和基本方法，确定教学的重点和难点，为建立教学目标奠定基础。

2.分析学生已有的学习状态。在充分钻研教学大纲和教材内容的同时，教学目标的制定还要以学生的特点和已有的学习准备为基础。课堂教学就是要教给学生不懂或还不够懂的东西，而学生已经具备的知识技能则是进一步学习的基础，因此教学目标的确定不可能脱离开学生已有的准备状态。教学目标应该是在学生已有学习准备的基础上，经过学生的努力而能够达到的目标。

因此，学生原有的知识水平、心理发展水平和成熟状况，以及学生的态度、兴趣、爱好和学习的倾向性等个性因素，都需要在确定教学目标时予以认真考虑、分析。也就是说，教学目标必须与学生已有的学习准备状态相关。对群体教学而言，全班学生普遍具有的学习准备状态和一些共同心理特征是确定教学目标时应考虑的主要方面，但与此同时，目标的设计也应充分考虑到学生的个别差异性，特别是那些智力超常儿童和学习障碍儿童的特点，制定相应的发展目标，使每个学生都得到充分发展。

3. 确定教学目标分类。在完成上述两项基础性工作后，目标设计工作就进入了提出目标、确定目标分类的实质阶段。从不同角度和标准出发，可以对教学目标进行不同的归类。实施目标分类的主要目的是提高目标在教学中的清晰度和可操作性，便于教师更好地依据目标指导教学，评价教学。美国学者布鲁姆及其同事对教学目标的分类做了系统研究，他们将教学目标分为认知、情感和动作技能三个领域，而每一个领域的目标又由低级到高级分成若干层次。

4. 列出综合性目标。完成目标分类后，设计者可用概括性术语先列出各类综合性目标，如"提高学生的阅读能力""培养学生对音乐的兴趣"等。综合性目标反映了对教学的一般要求，但往往还比较笼统，难以直接观察、测评。因此，在列出综合性目标后，还必须对它进一步分解，使之成为可操作、可评价的具体行为目标。

5. 陈述具体的行为目标。即用能够引起具体行为的术语，列出一系列能够反映具体学习结果的教学目标来解释每个综合性目标，这些具体的行为目标是可以直接观察和测评的，它们能够解释学生达到目标的程度。

（三）教学目标的表述

在教学目标确定后，如何清晰、准确、具体地表述教学目标，就成为教学目标设计中的一个关键问题。教学目标的传统表述，常以教师为本位，以较抽象、笼统的话语来表达，例如，"提高学生的写作技能""培养学生的良好习惯"等。这种表述方式的最大弊端就在于不够明确，缺乏操作性，难以测量评价，很难肯定教学目标是否确实达成。布鲁姆关于行为目标的研究表明，教学的完成是学生行为的改变，无论是认知、情感的学习，还是动作技能的学习，最后均能表现在学生行为上面，这些行为是可观察的，也是可测量的，以行为目标的方式来表述教学目标，可以有效提高教学目标对教学活动的指导作用。据此，一个好的教学目标的表述，就是要将一般性的目标具体化为可观察、可测量的行为目标，要说明学生在教学后能学会什么，学到什么程度，说明教师预期学生行为改变的结果，这样才有利于教师在教学时对目标的把握与评定。

二、根据学生现实发展水平确定教学起点设计

全面了解学生的现实发展水平，准确把握教学起点，是教学设计的一项重要内容。学生的现实发展水平，主要指学生已有的知识准备、能力水平、身心成熟程度和学习动力状态等。学生已有的知识能力水平和学习准备状况是教师施教的基础，教学只有建立在学生现实发展水平的基础上，教与学之间的沟通才能成为可能。

在教学设计过程中，准确把握学生现实发展水平的基本意义包括以下几个方面。

1. 有利于教师确定恰当的教学起点。教学起点总是以学生已有的发展水平为标准的，起点过高或过低都不能激发学生的学习动机，促使学生正常发展。因此，全面了解学生，准确把握学生已有的发展水平，对于教师正确确定教学目标，选用教学内容，设计教学进程，保证教学活动在一个良好的起点上顺利展开，具有十分重要的意义。

2. 有助于教师选择恰当的教学方法、教学媒体，调控各种环境因素，为学生提供背景知识，创设良好学习环境，促进起点行为和新的学习之间的内在联系。

3. 有助于教师甄别学习者的个别差异，以便因材施教，使全体学生都得到相应程度的发展。

在如何准确设计教学起点，以帮助学生迅速有效地建立起新旧知识间的联系，促进学习任务的完成方面，奥苏贝尔提出的"先行组织者"学说具有重要借鉴意义。所谓"先行组织者"，实际上就是在正

式的学习开始之前以学习者易懂的通俗语言呈现给学习者的一个引导性或背景性知识材料。"先行组织者"的主要作用是为教学提供一个适当的起点，充当新旧知识联系的桥梁。"先行组织者"最适宜于在两种情况下运用。一种情况是如果原有知识与新知识之间缺少明确的可辨别性，学生学习新知识时容易产生新旧知识意义上的混淆，那么教师在教学开始时就可以先给学生设计呈现一种对新旧知识异同进行比较的材料，以提高新旧知识间的可辨别性，保证新知识学习的顺利进行；另一种情况是，当学生面对新的学习任务时，如果其认知结构中缺乏适当的上位概念可以用来同化新知识，教师就应该先为学生设计呈现一个包容概括水平高于要学习的新材料的先行组织者，让学生先学习这一组织者，以便获得一个可以同化新知识的认知框架，使新的学习任务得以完成。但是，能否设计出一个符合实际需要的先行组织者，为教学找到一个适当的起点，其先决条件仍是是否准确地了解了学生已有的知识准备状况。

了解、诊断、识别学生已有的知识准备状况、学习动机状态及其他方面情况的方法是多种多样的。根据教学的实际需要和教学内容的具体要求，教师可选择问卷法、谈话法、观察法、课堂提问、作业、测验和考试等各种方法去了解学生。只要每个教师在日常教学中都能有意识地多方面观察学生，了解学生，长此以往，学生的各种情况必然会了然于胸。这样，在充分了解学生学习状况的基础上合理设计教学起点，安排教学进程，教学水平就会得到不断提高，教学质量就能得到有效保障。

三、教学内容设计

教学内容设计是教学设计的一项重要内容。教学内容的设计过程也就是教师认真分析教材、合理选择、组织教学内容以及合理安排教学内容的表达或呈现的过程。教学内容集中体现在教科书中，由于教科书的编排和编写要受到书面形式等因素的限制，它所呈现的知识内容和知识结构必须经过教师的再选择、再组织、再加工，才能切合教学的实际需要，才能由死材料变为活知识，并最终有效地内化为学生掌握的知识。因此，教师必须重视教学内容的设计，有没有对教学内容进行认真的设计，实际的教学效果是大不一样的。

（一）根据陈述性知识的特点进行教学设计

陈述性知识，主要是有关世界是什么的知识。这类知识可分三种形式。

1. 有关事物的名称或符号的知识。这种知识的学习要求记住事物的符号和符号代表的个别事物，获得的是一种孤立的信息。例如，外语单词的学习，所掌握的就是这种知识。

2. 简单命题知识或事实知识。如学习"中国的首都是北京""三角形有三条边"这样的单个命题，所获得的知识即这种知识。

3. 有意义命题的组合知识，即经过组织的言语信息。如陈述太平天国失败的原因，所需要的就是这类知识。

根据陈述性知识的特征进行教学设计，有利于知识的贮存、提取和回忆。这类教学设计的教学目标主要在于培养学生回忆知识的能力，教师通过在课堂教学中要求学生口头或书面陈述学到的知识，即可检查学生是否形成了这种能力。为此，教师在陈述性知识的教学设计中，要将设计的重点放在如何帮助学生有效地理解、掌握这类知识上，注重学生对陈述性知识中符号或语词意义的获取。

（二）根据程序性知识的特点进行教学设计

程序性知识是有关"怎么办"的知识。例如，要学生根据给定的半径数计算圆的面积，将一堆混杂的蔬菜水果逐一归类，根据语法修改病句等，学生能正确和顺利地完成这些任务，就是获得了相应的程序性知识。

由以上可以看出，程序性知识主要涉及概念和规则的应用，即对事物分类和进行一系列运算、操作。在教学实践中，如何将贮存于头脑中的原理、定律、法则等命题知识转化为技能，实现由静态向动态、由贮存知识向转换信息，由缓慢地再现知识向自动激活转化，从而实现学习的发展，是教学设计的一个关键问题。因此，程序性知识的教学设计应确定的教学目标，主要就是帮助学生形成运用概念、规则和原理解决问题的能力。检验这种能力的行为指标，是学生是否能运用学过的概念和规则顺利进行运算和操作。为达成这一目标，程序性知识教学要有充分的练习设计。在设计概念练习时，应注意充分应用正反例。呈现正例有助于概括和迁移，但也可能导致泛化。呈现反例有助于辨别，使概念精确。规则的学习掌握也应配合一些练习，及时引导学生将新习得的规则应用于问题解决的情境，做到一见到适当的条件，便能立即做出反应。对于系列较长的程序性知识的教学，还应先考虑练习时间的分散与集中以及部分与整体的关系，应该先练习局部技能，然后进行整体练习。总之，教师在进行这类知识的教学设计时，要对讲授与练习的时间做合理规划，使规则、概念的掌握与解决问题技能的形成在课堂教学中都能得到有效保障。

（三）根据策略性知识的特点进行教学设计

策略性知识也就是回答怎么办的问题的知识，它与程序性知识的主要区别在于它所处理的对象是个人自身的认知活动，是个体调控自己的认知活动的知识。例如，在陈述性知识具备的条件下，有些学生面临新的学习任务时显得灵活，适应能力很强，有些学生则显得呆板，应变力差，造成这种学习上的差异的一个重要原因就是学生是否掌握了一定的策略性知识。

一般来说，策略性知识分为两级水平：较低级的为一般学习活动的策略知识，如控制与调节注意策略、记忆策略和提取策略等；较高级的为创造思维策略知识，这类策略往往因时、因人、因内容而异，是一个推理过程，难以程式化，目前尚没有明确分类。根据策略性知识的特点进行教学设计，需要解决三个难题：①教材问题。传统的教材没有把认知策略的训练作为一个重要目标，教材中缺乏相应的内容。②教师问题。策略活动是一种内在思维活动，怎样使学生仿效这种内隐的活动，关键是教师要善于描述内在的思维，使学生可以想象。由于目前许多教师缺乏策略教学方面的知识和训练，他们不知道如何向学生去解释策略，因而要搞好策略性知识的设计，教师应加强策略教学方面知识的学习和训练。③学生问题。学生的认知策略制约着策略性知识的教学，因而注重对学生进行认知策略训练，是教学设计的一个重要部分。例如，通过提问控制学生的注意，使之逐步由外界控制变成自我控制；教会学生在听课和看书时如何做笔记；还可以教会学生如何将知识加以组织与意义加工，促进记忆，便于回忆等。

总之，要搞好策略性知识的教学设计，教师必须首先学习和掌握有关学习策略、认知策略方面的知识，加强策略教学的训练，同时注意挖掘教材中的策略性知识内容，在此基础上根据策略性知识的特点和学生学习的特点进行针对性的教学设计。

四、教学时间设计

（一）设计教学时间的意义

时间是一个物理学的概念，同时也是一个心理学、教育学的概念。从心理学的角度看，时间是学生学习过程中的一个决定性因素。从教育学的角度看，时间是一种重要的教育资源。学校教学活动总是在一定的时间内进行的，教学时间是影响教学活动的一个重要因素，控制和改变教学时间在一定程度上也就意味着控制和改变教学活动。因此，在教学实践中，了解、研究教学时间，并根据教学需要对教学时间进行合理分配和控制，是教学设计的一项重要内容。

（二）设计教学时间的维度

在实际设计过程中，教师必须综合考虑多方面因素，从不同维度把握教学时间的确切含义，从不同方面了解考察教学的时间效益，从而使教学时间的设计更加科学合理，切合教学实际需要。以下几个概念是教师设计教学时间时必须了解和掌握的，它们从不同的维度决定着教学的时间效益。

1. 名义学习量。也就是学生所需要的学习时间总量，它具体表现为学校每年的总学时量。在我国中小学中，这一时间量由国家统一规定，因此各学校间每年的总学时量差异不大。这一时间量是针对学生整体设计的，具体到每个学生个体，这一时间量是不尽相同的，所以还有必要考察个别学生实际的有效学习量。

2.实际学习量。指每个学生实际接受的有效学习时间量。在实际教学过程中，由于受学生迟到、缺勤和教师缺课以及其他因素（如学校随意组织活动造成的教学中断及对教学的干扰）的影响，每个学生及不同学校的学生实际接受的有效学习量是不完全一致的。有关研究表明，学生的出勤率与其学习成绩呈正比例关系，学生的学业成绩受出勤天数、无故缺勤和迟到等综合因素的影响。因此，保证每个学生的实际学习量，是教学时间设计、控制的一个重要方面。

3.单元课时量。指学生在课堂上学习某一单元或某一具体内容时获得的学习时间量。在实际教学中，教师在课堂上对各种课程内容的时间分配是有很大差异的（比如，对阅读、思考、练习、讨论、测验活动的时间分配），研究表明这种差异与学生成绩之间的关系也呈现比较复杂的关系，有的正相关，有的负相关。因此，教师在确定课堂教学时间分配时应全面考虑教材内容、学生学习特点等多方面因素，切不可凭个人兴趣、习惯行事。

4.专注学习时间。指学生在课堂上积极专心学习的时间。实践表明，教师授课期间，并不是所有学生都在始终如一地专心听课。部分学生注意力涣散、不专心学习的情况在课堂上是经常出现的。因此，即使在同一节课的时间内，每个学生的专注学习时间也是不完全一样的。研究发现，学生的专注学习时间对学生的学习成绩有强烈的影响，学习成绩的好坏在很大程度上就取决于专注学习时间的多少。另外，学生专注学习时间与其能力还密切相关，能力低的学生多出现不专心学习的行为，使学习活动中断，而能力强的学生往往在注意力涣散之前先完成了学习任务。因此，教师在课堂教学中应尽可能使学生集中注意力，以保证学生专注学习时间得到增加。

5.教学时间的遗失。指由于受外界干扰或教师对教学处理不当造成的教学时间的浪费。教学时间的遗失对一堂课的质量有较大影响，教师在教学中要尽可能避免以下几种教学时间的遗失现象：一是因课堂偶发事件引起的教学中断。在课堂教学中，经常会出现一些纪律问题或其他意想不到的事件。在这种情况下，教师要机智果断地快速处理出现的问题，有些情况可以放到课后处理，这样就可以使教学中断的时间缩小到最低程度，不致对教学造成大的影响。二是过渡时间过长。在一节课开始前和教学内容发生转换时，需要一定的过渡时间。过渡时间过长，就会造成教学时间的遗失和浪费。因此，教师在课前一定要对过渡时间严格设计，争取以最精确、简练的语言陈述过渡内容，使过渡时间尽可能缩短。三是不当的练习作业造成的时间浪费。练习是课堂教学的一项重要内容，但如果教师布置的练习不当，如难度过大，或学生对所学内容尚未掌握时就布置作业等，就有可能造成学习机会的损失和学习时间的浪费。因此，设计好练习作业，也是提高时间效益的一个重要方面。

（三）设计教学时间的策略

1. 把握好整体时间分配。主要指教师在设计教学时，首先应对一学期甚至一学年教学时间的总体分配情况做到心中有数，要依据教学大纲的规定和教学的实际需要对整体教学时间（一般以学期为限）做出合理规划。把握好整体时间分配，是提高教学时间效益以及顺利进行一系列后续时间设计的基本前提。在实际教学中，常有一些教师由于忽视对教学时间的整体规划，时间使用的随意性较大，结果常出现一学期的教学前紧后松或前松后紧，甚至完不成学期教学任务的现象，从而造成了教学时间的浪费，影响了教学质量。

2. 保证学生的实际学习时间。教师应通过加强管理，尽可能减少学生的迟到、早退及无故缺勤现象，同时也避免自身缺课。一旦发生了缺勤情况，只要有可能补救，就应当采取补课或其他措施把损失的时间补回来，以此来保证学生的实际学习时间能维持在一定水平。

3. 科学规划单元课时。单元课时的设计是教学时间设计的核心。教师在进行单元课时设计时，应认真钻研教材，分析学生已有的知识准备状况，找出单元内容中包含的知识点以及重点、难点，在此基础上确定每个单元所需的教学时间。在每个单元所需的总的课时确定的情况下，教师还需进一步对每堂课的时间分配做具体规划，如导入新课用多长时间，讲授用多长时间，提问讨论用多长时间，练习用多长时间，总结用多长时间等，都必须事先一一分配好。单元课时规划一旦设计好，就应当认真遵照执行，不要随意变动。当然，如遇特殊情况或发现设计有失误，则需予以调整和修改。

4. 尽可能增加学生的专注学习时间。增加学生的专注学习时间，是提高教学时间效益的极为重要的一个方面。实践表明，通过教师的努力，增加专注学习时间是完全可能的。增加学生专注学习时间的途径主要有两方面：一方面是教师通过采取一定的教学策略将学生的注意力和学习兴趣维持在一定水平，例如，教师对学生的课堂学习进行阶段性督察，对指定的学习任务做出明确指示，对学生的课堂反应给予及时鼓励和反馈，适时安排课堂提问，适时环绕课堂走动，适时改变教学节奏，等等，都可以提高学生专心学习的程度；另一方面是教师根据学生的学习心理特点和学习能力的生理周期变化，采取一定措施合理设计与组合教学时间，以此来增加学生专注学习的时间。例如，研究表明，在每个学习日里，学生的学习能力有高低变化，每天学习能力最强的时间是上午第二、第三节课期间，较差的时间是下午第一节课。在一周的时间里学生的学习效率也有变化，星期一、星期二最高，星期三开始下降，星期五略有上升。此外，学生的年龄不同，学习的有效持续时间也不相同。根据测量研究，学生不产生疲劳的适当学习时间是：6～8岁为30～40分钟，9～12岁为40～50分钟，13～15岁为50～60分钟。学习时间长，消除疲劳的时间也长，课间休息时间也得等比数增加。根据上述研究成果，教师可以通过合理组合搭配教学时间来增强学生专心学习的程度，增加专注学习的时间。另外，在课表中穿插安排不同性质的学科，采取弹性课时制，设长短课或单课时与双课时结合的方法来安排教学时间，对于有效维持学生的学习兴趣，增加专注学习时间也有一定作用。

6. 防止教学时间遗失。防止教学时间遗失，实际上就等于增加了有效教学时间。而能否真正避免教学时间的遗失，在很大程度上取决于教师教学设计是否具有科学性、合理性和有效性，以及教师在课堂上的临场发挥。因此，从教学设计的角度看，教师在事先设计过程中一定要把握好每个环节，精心设计好每项内容，同时又要对课堂上可能出现的问题及处理办法有一定预测和心理准备，只有这样，在课堂上才有可能避免教学时间遗失现象的发生。

五、教学措施设计

教学措施设计是教学设计的中心环节，课堂教学组织得如何，在很大程度上取决于教学措施是否设计得科学、合理、有效。教学措施的设计范围较广，它一般包括教学方法、教学媒体的选用，课堂教学结构的确定和教学环境的调控等方面内容。

（一）教学方法的选择与设计

实践表明，选择恰当的教学方法有利于提高课堂教学质量。中小学教师常用的教学方法主要有讲授法、谈话法、读书指导法、演示法、参观法、练习法和讨论法等。就这些方法本身来看，它们都有各自的特点、优越性和适用范围，同时也都有各自的局限性。在实际教学中，不存在万能的或唯一好的教学方法，因为在某种教学情景下十分有效的教学方法，在其他教学情景下则可能效果不好。因此，用好教学方法的关键是根据需要合理选择、扬长避短、优化组合，而这一点也正是设计教学方法的根本目的所在。那么，怎样才能达到这一目的呢？这就要求教师在选择教学方法时遵循以下一些步骤和要求。

首先，要明确选择教学方法的标准。一般的选择标准主要有：①根据具体的教学目标、教学任务、教学进度和教学时间选择教学方法，比如，考虑所选的方法是否适宜于完成教学目标，解决教材内容，是否有时间应用等。②根据学生的学习特点选择教学方法。③根据教师的特点选择教学方法，比如，教师的某些特长（如善于绘画、讲故事），教师的某些缺点（如不善于口头表达或板书）。④根据现有的教学条件选择教学方法，如考虑到教学设施、教学媒体的现状等。

其次，尽可能广泛地了解和提出有关的教学方法，以便自己考虑和选择。教师收集了解到的教学方法越多，就越有利于进行优化选择。

第三，对各种供选择的教学方法进行比较，主要比较各种教学方法的特点、适用范围、优越性和局限性等。

（二）教学媒体的选择与设计

教学媒体是教学的基本要素之一，教学活动离不开一定媒体的支持。教学媒体内涵广泛，它既包括传统意义上的语言、文字、粉笔、黑板等传播媒体，也包括幻灯、录音、录像、电影、电视和电脑等各种现代教学媒体。教学媒体特别是现代教学媒体的运用，为教学信息的便捷、高效传递提供了可能，为教学质量的提高奠定了物质基础。研究表明，合理运用各种教学媒体，有利于调动学生多种感官对知识的感知，实现信息传递的多渠道化，从而加强学生对知识的感知度，提高学生对知识的吸收率，促进由知识向能力的转化。

1.依据教学目标选择教学媒体。在选择教学媒体时，应首先考虑媒体的使用是否有利于达成特定的教学目标，是否符合具体教学任务的实际需要，是否切合教学内容的性质和特点。否则，如果脱离开特定的教学目标和教学实际需要，媒体本身运用得再完美也毫无意义。

2.依据教学对象的特点选用教学媒体。不同年龄阶段的学生对事物的感知方式和接受水平是不完全一样的，因此，选用教学媒体时必须考虑学生的年龄特点和学习的实际需要，以最充分地利用媒体的优势激发学生的学习兴趣，发展他们的学习潜能。

3.依据媒体的技术特性选择教学媒体。具体有两方面要求：一是要考虑各种媒体的技术特点和功能，如录音、录像、幻灯、电视等媒体的技术特性和具体功能是不尽相同的，究竟选用哪种或哪几种，需结合这些媒体的技术特点加以考虑；二是要考虑所选媒体教师自己能否熟练地操作，以及运用媒体是否有助于发挥自己教学的特长。

4.依据经济条件选择教学媒体。媒体的选择也要本着经济有效、量力而行的原则行事，在尽可能满足教学需要的同时，也要注意节约，不要造成浪费。

（三）课堂教学结构的设计

课堂教学结构的设计也是教学设计的一项重要内容，在确定了具体的教学目标、内容、方法和媒体后，如何将这些因素有效地组织在教学过程中，就需要从教学结构的角度加以设计。因此，确定课堂教学结构的过程，实际上也就是对各种教学因素、教学环节进行组装、统整的过程。课堂教学结构的设计一般遵循三个步骤。

第一步，选取教学环节。一般的教学环节包括明确教学目标，阅读感知教材，教师讲授、解疑，学生讨论问题、演练、复习，系统小结等，但由于学科性质、教学任务的差异，这些环节并不是每堂课都必须具备的。一堂课究竟应由哪些环节组成，需要教师根据学科特点和教学的实际需要来选取。

第二步，在选取教学环节后，要具体设计课堂教学各环节的组织，即将各教学环节进行有机组合，安排各环节的先后顺序，使之前后环连，成为一个适于教学的整体结构。

第三步，对各教学环节的设计进行"统调"，使各部分教学内容的组织有机协调，协同作用，做到重点突出，兼顾全面，以保证整体功能大于各部分之和，保证教学目标的实现。

（四）教学环境的调控与设计

教学环境也是制约教学活动的一个重要因素，不同的教学环境会对教学形成不同的影响。因此，设计、调控教学环境是教学设计的一个重要方面。

课堂座位是一个重要而又长期被人们忽视了的课堂环境因素。20世纪70年代以来，随着教学环境研究的兴起，课堂座位编排方式也逐渐引起人们的重视。大量的研究结果表明，课堂座位编排方式对学生的身体健康与心理发展均有重要影响。

1. 设计编排课堂座位的生理学依据。大量的教学实践表明，课堂座位的编排是项复杂的工作，它要受制于多方面的因素。从生理学的角度来看，课堂座位的编排必须遵循学生生理发展的特点，不能有损于学生身体健康。

2. 设计编排课堂座位的教育学依据。教学环境的有关实验研究及教育实践均表明，课堂座位编排方式对学生的课堂行为、学习成绩、社会交往、学习态度、人际关系以及整个教学活动产生着直接或间接的影响，因而是一个具有广泛教育学意义的环境因素。从教育学的角度来看，合理设计和编排课堂座位，充分利用不同座位模式的特点适应教学目标和教学情境的变化，满足不同课程和不同教学活动的需要，是教学环境设计中一项非常重要的工作。

六、教学评价设计

教学评价是根据教学目标，运用评价的方法和手段对教学活动及其预期效果进行价值判断的过程。教学评价的主要目的是获取教学活动的反馈信息，检测学生学到了什么？学到何种程度？以及判断教学是否达到了预定的教学目标？若没有达到，具体的原因在哪里？有没有加以调整的可能和必要等。由此看来，教学评价在教学过程中具有十分重要的意义。合理设计教学评价，对于促进教学目标的达成和提高教学设计的科学性、有效性，无疑都有着积极的作用。

实践表明，教学评价是一个系统的过程，整个教学过程的各个不同阶段都需要设计和实施教学评价。一般而言，在教学前要有"准备性评价"和"安置性评价"。前者在于了解学习者对即将开始的学习是否具备了必要的起点行为和基本技能，如果起点行为和基本技能不足，须先进行必要的补救性教学；后者主要目的是评定学生掌握预定学习内容的程度，以便分别安置或调整教学的程度及深度，更好地因材施教。在教学进行中，要设计实施"形成性评价"，以此了解学生学习的进展情况和所达到的水平。若学习进展顺利，可以给予必要的鼓励和强化。若学习效果不理想或学习进展困难，则需要寻找原因并给予及时的帮助，必要时还需进一步做"诊断性评价"，通过这种评价诊断出学生学习困难的原因后，可以对症下药，提供补救的教学措施。在教学告一段落时，可以设计实施"总结性评价"，以此来评定学生学习的成绩，判断学习水平的高低及相对地位，并对整个教学效果做出评价。

教学评价采用的具体方式也是多种多样的，如课堂提问、讨论、练习、作业和各种测验等。教师究竟采用什么评价方法，运用何种评价手段，还需要根据评价的目标、性质以及教学的实际情况而定。总之，全面、客观、公正、及时应当是设计教学评价时遵循的一些基本准则。教学设计是教学过程的起始阶段，是建筑高楼大厦的蓝图，是将军指挥作战的战术谋划……教学设计一般包括三个基本内容：一是分析教学目标，即明确学生要学会什么；二是确定教学策略，即为达到教学预期目标，如何实施教学，也就是选择要达到预期目标所需要的资源、程序和方法；三是进行学习评价，即及时反馈信息，对是否达到预期目标进行检测。

在教学设计过程中，应遵循这样几个基本原理：以目标控制教学过程；把教学过程看作一个开放系统，教学设计要从整体来考察这个过程；运用系统分析方法去设计教学策略；强调信息反馈，不断调整教学过程，以达到最优的教学效果。教学设计必须考虑教学系统中各个要素之间的关系及整个过程中各个环节之间的联系，才能获得最佳方案。

第二节　教学设计的原则、要求、方法与艺术

（一）教学设计的基本原则

1. 方向性原则。教学设计要从国家的教育方针和新时期的教育目标出发，站在"三个面向"的高度，考虑课堂教学结构环节的取舍，使课堂教学结构有利于培养学生独立学习、独立实验、独立工作的能力等。因而要把自学、讨论、探究、操作引进课堂，使之成为课堂教学的有机组成部分。

2. 民主性原则。教学民主意味着要使学生成为学习的主人，要尊重学生学习主人的地位，安排教学环节要有利于发挥学生的主体作用。在教学过程中，要为学生提供发表不同意见、学习感受、学习见解的机会，使他们在"一事多议""一知多用""一题多解"的学习生活中迸发出智慧的火花，培育"不唯书""不唯上"的开拓精神和创造才能。

3.规律性原则。学生的学习与发展是有其内在规律的，课堂教学结构必须符合学生心理活动与认知规律。从学生认识发展的规律和心理活动规律中去确定课堂教学结构，使后者与前者相适应，这就是课堂教学结构的规律性。学生的认识一般是从感性到理性，从理论到实践，并且是由浅入深，由低到高，逐步向前发展的。一般新授知识都是从复习旧知识或演示实验入手，通过分析比较、讨论研究、概括归纳上升为理性知识，再通过演算、操作、诵读等应用环节加以巩固并转化为能力。这就是认识规律对于课堂教学结构的规定性。

由于学生的认识活动还有情感、意志等非智力因素参加，所以要采用认知冲突，激疑生趣和表扬鼓励等方法，使课堂教学结构适应学生心理状态的需要，使学生的发展与学生心理活动的发展同步。

4.适应性原则。我们知道，课堂教学结构必须根据教材的特点和学生的实际出发，具有鲜明的针对性和适应性。同样的年级，同样的教材，在不同的班级实施教学，课堂教学结构的形式就不应该套用一个模式；基础好、能力强的班级可以放手让学生独立学习、相互讨论、相互研究、归纳分析，而对于基础差、能力较低的班级或学生就应该适当讲解，多指导。

5.反馈性原则。教学过程是信息传递与调控的过程，在这个过程中，师生都需要在信息输入和输出的基础上及时获得反馈信息，及时进行调控。为加强教学过程的有效调控，在课堂教学的结构上，必须从有利于教学反馈的角度出发，酌定教学环节，从而加强课堂结构的反馈性。例如，组织对关键性教学内容的研讨与评论，板书与分散作业相结合的课内练习与评析等，就是有利于课堂教学双向反馈的结构环节。

6.整体性原则。课堂教学结构中诸环节的联系与关系衔接自然，协调有序，有机结构，浑然一体，能有效地发挥课堂教学结构的整体效应，产生整体性的新功能。

（二）教学设计的基本要求

为了教好课，必须做好教学设计；而做好教学设计，必须努力实现以下基本要求：

1. 强调系统性，坚持局部与整体的统一

关于课堂教学的整体性，是指某一学科的课堂教学标准所规定的完整的知识体系或整册课本；相对于这个整体的局部是指某一篇课文，某一个章节或某一单元。进行教学设计时必须使两者和谐统一，以整体指导局部，以局部体现整体。也就是说，教师在备具体的某一章节、某一课时时，必须立足全局，从课堂教学标准和整个知识体系出发，明确某一章节、某一课时该讲什么，不该讲什么；哪些是重点，哪些是非重点；培养哪些方面的能力，运用什么方法培养能力等。就某一章节、某一课时而言，既不可能将全册教学任务毕其功于一役，也不能离开全册的整体乱定教学目标与任务，否则会劳而无功，使教学归于失败。

整体与局部的另一重要含义是指全班学生与个别（部分）学生而言。进行教学设计时要从大多数学生的水平、能力出发，某些部分也应适当照顾个别学生，如某基础部分适当照顾学困生，灵活运用部分照顾优等生等，使各个层次的学生都有所收获。

2. 明确目的性，坚持知识传授、思想教育、能力培养的统一

教学的终极目标是综合完成教养、教育、发展，也就是知识传授、思想教育、能力培养等几个方面的任务，这三个方面的任务在教学设计过程中不可偏废。也就是说，不可只重视其中一点或两点，而忽视了其他；同时又要有重点，知识传授、思想教育、能力培养三方面不可能平均用力。一般来说，知识传授用的时间较多一些，花费的气力比较大一点，能力培养稍次之。思想教育则主要是渗透于知识传授和能力培养的过程之中。要恰当地把知识传授、思想教育、能力培养等几个方面的任务有机地融合在一起，使它们既全面安排，又重点突出；既各有目标，又相辅相成。

3. 加强针对性，坚持教法与学法的统一

教学的目的是教好学生，教学生学好。学生是教学的主体，教师则是教学的主导，教师教得好坏是通过学生的学体现出来的。一些优

秀教师的备课实践证明，凡是备课好的、教课好的，首先是他们了解学生，摸清了学生的底数，然后对症下药、有的放矢，否则就会劳而无功。因而加强针对性，备教课之所需，教学生之所需，这是教学设计的又一个重要方面。

要加强针对性，就要坚持教法与学法的统一。人们一般认为，备教法是理所当然，备学法就似乎没有必要。他们认为，学生在学习过程中会自然掌握学法，无须教师专门指导。其实不然。常言道，教是为了不教。我们强调提高课堂教学效率，其最终要解决的就是不让学生亦步亦趋，永远跟着老师学，而是让他们学会如何学。学生只有会学，才能学好。

要做到这一点，就必须有意识、有目的、有计划地进行学法指导，使学生逐渐掌握适合自己的学习方法，养成自学习惯，形成自学能力，这样教师的教才能事半功倍。否则教学效果将会受到严重影响。

4.突出计划性，坚持内容与形式的统一

做好教学设计必须突出计划性，诸如一堂课整体上怎样安排，局部与整体如何协调，知识传授、思想教育、能力培养如何统一，教法与学法如何一致等，都要事先计划好，以免上课时手忙脚乱。其中最主要的是要安排好内容与形式，使二者达到有机统一。所谓内容，是指教材的具体知识，课堂教学的具体目标；而形式则是指恰当的教学模式、教学结构、教学方法等。没有内容，形式就会失去赖以存在的基础；没有形式，内容也无法传授，教学也就成了空话。

在内容方面，教师必须首先吃透教材，真正把握教材的重点、难点与关键，明确哪些该讲，哪些不该讲；哪些重点讲，哪些略讲；哪些先讲，哪些后讲；弄清教材内容如何剪裁，教学中心如何提炼，课堂练习如何设计，缺漏内容如何补充；要做到博备约出，课前把所有内容准备允分，课上只把主要内容传授给学生，其余只在学生质疑时予以解决。

在形式方面，教师要从所讲的内容出发，选择合适的教学模式、教学结构、教学方法。一般来说，教学模式、教学结构容易选择，而如何运用好这种教学模式、教学结构就不大容易了，这中间牵扯到教学方法的实际运用。因为再好的模式在课堂教学中也不是一成不变的，而如何变，就是大有学问的，这正是教学艺术的精髓所在。

（三）教学设计的基本方法

1. 教学目标的制定

教学目标是从认知领域、情感领域和动作技能领域三方面进行分类的。在制定教学目标时就必须明确其掌握的层次。

教学目标一般分为识记、理解、掌握三个层次。识记是获取知识的初级阶段，表现为对知识的识别和了解，是对知识外在特征的反映；理解是获取知识的内化阶段，表现为对知识的转换、解释和推理；掌握是巩固知识和运用知识的阶段，表现为对知识的实际应用。

在制定教学目标时，要认真钻研课程标准与教材。课程标准是教学活动的方向，对教学提出了终极要求。教材是教学之"本"，是提供达到终结性要求的材料。教学目标是把终极目标与所提供的材料结合，并加以系统整理，分级归类，以便于组织教学活动，了解学生的反馈，及时做出评价等。

要制订好单元教学计划。教学单元的制定要从整个教材体系、内容和学生实际出发，一般情况下，教学单元宜小不宜大。要在认真钻研教材和了解学生实际水平的基础上，准确把握单元教学的知识要点，然后根据知识特点和要求确定每个知识要点的学习范围，即决定每个知识要点的学习起点是什么，最高应达到的水平等。

2. 教材的分析与处理

教材是教学的依据。要进行教学设计必须认真分析理解教材，全面熟悉掌握教材。分析教材要做到"懂""透""化"。所谓"懂"，就是把教材最基本的东西弄清楚；所谓"透"，就是不仅懂而且能熟练运用；所谓"化"，就是教师的思想感情和教材的思想感情融合在一起，能用自己的语言加以表达。只有对教材透彻理解、融会贯通、熟练掌握，才能生动地讲述教材，举一反三，深入浅出。

认真分析理解教材，必须钻研课程标准。课程标准是规定某一学科的课程性质、课程目标、内容目标、实施建议的教学指导性文件。课程标准与教学大纲相比，在课程的基本理念、课程目标、课程实施建议等几部分阐述得详细、明确，特别是提出了面向全体学生的学习基本要求。所以教师要以课程标准为指导，去分析理解教材，从而正确把握各年段、各学段教学内容之间的关系，准确把握各章节的目的要求、重点和难点。

分析理解教材可以参考"教师教学用书"以及教育报刊发表的有关教材分析的文章等。要在自己充分钻研、理解、消化、吸收教材的基础上阅读有关教学参考资料，使之成为自己的思想认识，并从实际出发，选择采用，切不可照抄照搬，用阅读代替对教材的分析理解。

（四）教学设计的艺术

1. 中心提炼艺术

中心是一篇文章的核心和灵魂，在整个文章的行文过程中起着提纲挈领的作用，而其他内容和细节都围绕着这个中心要旨进行叙述、描写、分析、说明和论证等。而课堂教学的中心则是一堂课讲授的精华和主旨所在。按照常规教学安排，一节课教师要传授给学生的是一篇课文，或某一章节教材，而这篇课文或章节包含的内容很多，教师必须根据教学目的要求，把最重点的和学生最需要的知识传授给学生，这个过程就是提炼中心。提炼中心有以下几种方法：

（1）内容概括法。就是教师先把教材分成若干部分或层次，根据各部分或层次的主要内容，进而分析它们在教材中的位置、重点，从而概括出本节课的教学中心。

（2）题眼寻觅法。所谓"题眼"，即教材或标题中的重点词语。它是全篇内容的焦点，是对全篇内容的高度概括。抓住了"题眼"便可领会到教材内容的中心所在。

（3）句段分析法。通过研读、分析教材的重点句子和段落，归纳出教材的中心，如"方程的解"一节，其定义为：能使方程两边相等的未知数的解，就是方程的解。把这个重点句子分析透了，教材的中心也就突破了。

词语阐释法。这是通过品味教材中的重点词语来提炼中心的一种方法。如《桂林山水》教材中的中心句是"桂林山水甲天下"，"甲"这个词又是这个中心句中的重点词语，它是对桂林山水特点的高度浓缩，阐释了"甲"字就能够很容易地把握住文章的中心。

（4）适时揭示法。有些教材在开头、篇中或结尾揭示教材的中心，教师要准确把握教材编者的意图，对教材中心适时进行揭示。如数学、物理、化学学科常常会在结尾处以总结式的语言概括出本章节的中心，抓住这些词语段落，就能够提炼出教材的中心。

（5）首尾照应法。教材编写如同写文章一样，常常会采取首尾照应的方法，分析教材时，要抓住这些语句或词语，准确地提炼出教材的中心。如《陋室铭》一文，若能抓住开头的"斯是陋室，惟吾德馨"与结尾的"何陋之有？"就能提炼出教材的中心。

2. 内容的剪裁艺术

教材是课堂教学的一个凭借和范本，教师在使用教材时，要根据实际教学工作进行适当"剪裁"，使内容更适合学生学习和发展的需求。进行教材剪裁可采取以下几种方法。

（1）依据教学目的剪裁。教师在对教材进行剪裁时，一定要注意做到能够实现教学目的的，要多讲、细讲，反之就要略讲或不讲。

（2）依据教学重点剪裁。根据课堂教学的重点来剪裁，就是与教学重点有关的多讲、详讲，反之略讲或少讲甚至不讲。

（3）依据教学方法剪裁。根据选定的教学方法来剪裁内容，如使用谈话法，可以选择那些易于提问的内容与形式；使用讨论法，可以选择带有关键性问题的内容，重点突出地组织学生讨论；而使用作业法，则必须多设计些恰当的合理的练习题，讲授的内容要相应地减少。

（4）依据教学手段剪裁。根据教学手段的不同来剪裁教学内容，如果使用投影、图片，则选择那些易制作图片并且学生难以理解的内容，其他内容也应以图代讲，使讲授内容更加直观，学生易于理解。使用音像制品时，则选择那些音像效果好、现场感强的相关制品，如抒情散文、地理风光、情境对话等。依据教学方法和手段进行剪裁教学内容是相对的，因为教学方法与手段都必须服务、服从于教学内容，是根据教学内容的中心和重点来选择的。但是教学手段与方法一旦确定后，又在某种程度上制约着教学内容的剪裁与选择。

（5）依据不同学科剪裁。如同是浓度计算问题，数学课重点讲授计算浓度的方法，而化学课则应首先讲清浓度的定义；关于青少年必须掌握科学的问题，政治课重点阐释观点的正确，即为什么要掌握科学，而语文课则从论点、论据、论证等议论文的构成要素来讲授。

3.突出重点的艺术

在教学过程中，突出重点不仅是备课与课堂教学的基本要求，也是完成教学任务所必需的手段与方式。突出重点的方法主要有：

（1）分析题目。一篇文章或教材的某一个章节的题目，往往就是这篇文章或章节的重点所在，分析题目的含义，尤其是抓住"题眼"进行透彻的分析，就可以使重点突出出来。

（2）逐句解析。抓住教材中概括性、总结性的中心句、重点段，分析出其在教材中的地位、作用，从而突出教学重点。

（3）辨析主次。在教学过程中，指导学生分析出哪些是主要的，哪些是次要的，重点当然就突出了。如中国近代史从1840年后到1919年，其间有许多重大事件，其中主要的有五次帝国主义侵华战争、四个社会发展阶段、三次反帝高潮等，抓住这些主要内容，学生掌握起来就容易多了。

（4）比较对照。通过对教材中两类或两类以上相近或相反的内容进行比较对照来突出教材的重点。

（五）教学的备课艺术

备课是教师课前所做的准备工作，它都是充分地学习"课程标准"，钻研教材和了解学生，弄清为什么教、教什么、怎么教、学生怎么学、教师怎么教，创造性地设计出目的明确、方法适当的教学实施方案的过程。每次教师要较好地完成课时备课，总是经历一个从感性认识到理性认识的过程，这个过程分为收集备课信息、设计教学方案、输出编写教案。

教师在备课过程中，首先要认真钻研教材，查阅相关教学资料，了解学生，努力从方方面面搜集吸收备课信息。然后是对备课信息进行构思加工，设计教学方案。

一节课上得成功与否，在很大程度上取决于教师的备课程度。在备课上花一分精力，在教学过程中就有一分效果。教师要摸清学生的学习习惯，吃透教材，充分考虑教学目的、原则和方法，只有备好课，才能安排好教学环节，在有限的时间里，自始至终吸引学生的注意力，引导学生有效地进行学习，真正发挥学生的主体作用，教师的主导作用，保质保量地完成教学任务。

1. 教师上好课的标准

经过多年的教学实践，有许多教育专家研究确定出一节好课的基本标准，共有九条。

（1）能正确确定教学目标，包括知识、科学方法、能力、技能和非智力素质方面的目标。

（2）能根据学生实际，确立教学的深度、广度和容量。

（3）科学性正确，能抓住重点、难点和关键，突出注意点。

（4）正确处理主导与主体的关系，实行启发式、讨论式教学，创设多维互动、多向交流的教学形式，把研究性学习引入课堂，让学生感受、理解知识的产生和发展过程，学生的积极性、主动性和参与程度高。

（5）教法设计与学法指导相结合，把能力的培养放在首位。

（6）从多渠道及时和全面收集教学信息，加强教学的针对性。能精心设计好如何提出问题，揭示矛盾，激发思维。

（7）根据本学科特点，能充分地、有效地使用教具，包括传统教具和现代教学媒体。在现代的网络条件下，从实际出发做好多种教学媒体的组合。

（8）教学语言表达准确、精练，启发性、逻辑性、条理性强，有感情和吸引力。

（9）课堂效率高，教学效果好。

2. 教师的备课方法与艺术

备课是对教学方法的精心设计，是课堂教学顺利实施，实现教学目标的保证，是提高教学质量的必不可少的条件。从一定意义上讲，教师上好一节课，恰如带领学生攻占一个知识高地。打仗不能打无准备之仗，要上好一节课，必须充分备课。

备课是教师对本职工作责任感的表现，也是教师不断学习，不断提高自己的专业知识和教学能力的过程。现代科学技术飞速发展，教师必须适应形势发展，不断更新知识，吸收先进经验，提高教学质量。

要备好一节课，必须做到六备，即备教材、备学生、备教法和学法、备教具、备习题，并做好集体备课。

（1）备教材，确定教学目标和重点。备教材就是教师要熟悉和掌握课程标准的要求和教材内容。钻研教材就应从全局到局部，要把自己所教年级的教材读熟读透，了解课程标准的具体要求，明确各部分内容在整个教材中所处的地位以及它们之间的联系。任何科学知识都是有系统性和连贯性的，不能整体把握教材，就难以发现体会出每节课的重点、难点和关键。

因此，教师在备课过程中，应在熟悉所教年级整体教材的基础上，采用单元备课、分节讲授的方法。一些缺乏教学经验的新教师往往忽视这一点，他们备课时常常只见树木，不见森林。对具体课题考虑得多，对教材整体分析得少。这种单纯一课一课的备课方法是不可取的。

掌握教材就要理解作者的心，体会编者的心，必须深刻理解教材，掌握关键，抓住教材中的关键点。能否准确找出教材中的关键，是体现教师对教材掌握的深刻程度的重要标志，也是评价一堂课教学水平的重要标准。

在备教材的时候，要根据教材内容、课程标准要求和学生实际，确定教学目标和教学重点。应该强调的是，教学目标中不但应有知识教学的目标，还应有科学方法（包括科学研究方法和学法）培养的目标、能力培养的目标和非智力素质培养的目标。是否能正确确定教学目标，是评价一节课的重要标准。

必须指出的是，课程标准是教师进行课堂教学的主要依据，是教学中力求达到的要求。对于教材的处理，教师要努力钻研教材，弄懂弄透教材，但并不是单纯地照本宣科地使用教材。教师对教材的处理，讲课的安排，事例的选取，手段的使用，都要符合课堂教学要求和学生的实际。这并不是说，教师可以放下教材另搞一套，而是要分析教材，恰当地使用教材，使教材真正成为学生掌握知识的凭借。

（2）备学生，明确教学难点、深度、广度和容量。学生是教学的对象，教师的教学效果最终都要落实到学生身上。因此，我们特别主张教师在备课时一定要备学生。

所谓备学生，就是要深入了解学生的实际，这是备课必不可少的环节。学生的实际主要是指学生的知识储备、理解能力、计算和实验能力等。有些问题，教师从主观上认为是小问题，是学生应该掌握的，备课和讲课时往往不大重视，但学生的实际知识基础可能在这方面存有缺陷，这样就会造成教学效果不理想。还有些问题，学生容易在认识或理解上发生偏差，产生误解，因而导致认知上的混乱，这应是教学的难点。教师在备课时应充分了解并估计到，并积极采取措施加以解决和突破。

了解学生实际的方法有多种多样，可以通过历年教学经验的积累，批改作业时发现问题，与学生交谈沟通、测验考试、课堂提问等，这些都是有效的办法。同一年级不同的班级，学生的知识基础和能力会有很大的不同，同样的内容与教学方法，在甲班可能很有效果，能受到学生的欢迎，但在乙班可能反映内容太浅，信息量太少。因此，应了解并根据各班学生的实际，针对不同对象而采取不同的要求和教法。在能力培养与训练方面，要体现课程标准的要求；在教学方法上，更要强调最大限度发挥学生的学习主动性，进行创造性学习，使他们的学习潜能得到充分发挥。

（3）备教法和学法，体现教师主导与学生主体作用。在熟练掌握教材，明确教学目标、重点、难点之后，备课时还必须全盘考虑与之配套的教学方法。要根据系统论、控制论、信息论等现代理论，突出学生在教学活动中的主动性、活动性、开放性和创造性。

教学过程是信息的加工、传输、存贮的过程。要发挥教师在这个过程中的"编程"与调控作用，使教学要求和教法符合学生的发展水平和认识特点，达成最佳匹配与结合，使师生双边活动处于共振、同步状态，从而取得最高的教学效率。因此教学方法的选择，要体现教师的主导作用与学生的主体作用相结合，突出学生在教学过程中的主动性、活动性、开放性和创造性，并与学法的指导相结合，创造出多维互动（师生互动、生生互动）、多向交流（知识交流、方法交流、信息交流、情感交流）开放性的教学形式。备课时要根据教材实际、学生实际、教学设备实际通盘考虑问题，设计教学方法，从争取最佳教学效果出发，精心设计最佳的教学程序。

要充分体现课堂教学艺术，在教学设计时，一定要注意以下几个问题：

第一，必须考虑留给学生足够的时间让学生进行多种形式的活动，才能真正做到突出学生在教学活动中的主动性、活动性、开放性、创造性。要正确确定活动的内容、方法和时机。学生是否有足够的参与度。

第二，精心考虑如何提出问题。备课时要根据教材的重点和难点，发掘教材内容本身和学生认识过程中的矛盾，准确选择有针对性的问题，精心准备好富有启发性的语言，引起学生的思索，使他们疑惑、惊奇，这样提出的问题最能抓住学生的心，激起他们的思维活动，最后通过问题的解决，使之感到豁然开朗。提出问题是否有针对性，是否有启发性，是评价课堂教学的重要标准之一。

第三，对同一个内容，不要多次单调重复。教师讲的东西，只要学生已经懂的内容教师就可以继续往下讲。在讲新教材时，里面要包含旧的教材内容；做新练习时，里面要包含着旧的练习。这样就可以使学生总觉得是学习新的东西，保持着旺盛的学习兴趣。

第四，教学最重要的任务是让学生学会学习和怎样思考。必须指导学生学会高效率地学习，在有效的时间内学习尽量多的知识。要鼓励学生独立思考，有根据地怀疑，敢于和善于发现问题和提出问题，引导和发展学生的求同和求异思维。

（4）备教具，做好多种教学媒体的有效组合运用。教具是教学工作的重要辅助手段。要使学生深刻理解和学会运用所学知识，单凭教师一张嘴巴、一根粉笔往往是达不到教学目的的，而必须借助于适当的教具。常用的传统教具包括黑板、实物、模型、仪器、挂图、图表等。随着科学技术的发展，出现了各种现代的教学手段，如投影机、收录机、计算机、校园网络等。应充分利用这些教具，特别是利用现代技术这一优越条件，认真做好准备，熟悉它们的原理与功能，以激发学生的兴趣，培养学生能力。

（5）备习题，对习题进行精选、归类，并形成完整的习题体系。解习题是学生掌握知识的必要途径，是学生应用所学知识解决实际问题的起点，也是培养训练学生思维的手段。所以，备习题是教师备课工作的重要组成部分。

备习题就是要精选习题，要在分析教材的基础上，把本单元的习题和例题全部做一遍，掌握题目的深浅度和各种解题方法，然后确定题目中哪些可作为课前预习题，哪些作为课堂提问或课堂练习，哪些作为课堂举例，哪些作为课外作业或作单元复习使用，这些都要统筹安排考虑。选用例题应具有典型性，既能巩固加深对基础知识的理解，又能对解题方法起示范作用。教师对例题的讲解要规范，着重分析题意，步骤要清楚，书写要规范工整，对学生起示范作用。对批改作业过程中发现的问题，要认真记录并加以分析，及时在课堂上给予讲评与纠正。

3.编写教案的艺术

教案，也称课时计划，是教师经过备课，以课时为单位设计的具体教学方案，教案是上课的重要依据，通常包括：班级、学科、课题、上课时间、课的类型、教学方法、教学目的、教学内容、课的进程和时间分配等。有的教案还列有教具和现代化教学手段（如电影、投影、录像、录音等）的使用、作业题、板书设计和课后自我分析等项目。由于学科和教材的性质、教学目的和课的类型不同，教案不必有固定的形式。教案是教师的课前设计蓝图，旨在对教师的教学具有真正的指导帮助作用，因此不要流于形式，更不要只为应付检查，而应充满自主性和个性，是发挥自我的空间。好的教案是教师心血和智慧的结晶，它留下了教学生涯的印记，成为可回顾的一页页历史，成为在教学征程中探索和成长的足印。

书写教案要写清楚以下几项内容：

（1）授课题目：本节课的课题。

（2）授课时间：按教学进度所规定的时间。

（3）课型：本节新授课、练习课（复习）、习作指导、讲评等。

（4）教学目标：根据课标与教材内容并结合学生实际来确定一节课的教学目标。

写教学目标应包括三方面内容：一是基础知识和技能应达到的程度；二是有关学生思维能力方面的培养；三是对有关思想情感的渗透。

（5）教学重点和难点：根据课标和教学内容并结合学生实际来确定一节课的重点和难点。

（6）学情分析：根据学生认识水平分析学生的知识与技能掌握情况。

根据学生年龄特点，分析学生情感、态度与价值观等方面的需要情况。

（7）教学方法：简单地说，就是教师授课的方法与手段。

（8）教具、学具的准备：本节课所用的如卡片、小黑板、投影、投影片、录音机、实物等。

（9）教学过程（也叫教学程序）：这是教案书写的重点，也很复杂。

教学程序是教师具体施教的步骤，是教师教学设计的体现，也是教学思想的展示过程。写教学过程应写清以下几点：

①写出教学全过程的总体结构设计。

②写出教材展开的逻辑顺序、主要环节及过渡衔接。

③写出教学重、难点的突破方法以及所采用的教学手段、教学方法。

也可以说主要写清楚创设情景的导入；师生合作的交流；课堂效果的反馈（如设计的练习题）；课堂教学的小结。

（10）板书设计

教案中要单列板书设计，板书要直观精练，易归纳小结，易引导，纲领性强，板书使用合理。

（11）课后反思

新的课程积极倡导教师不仅是课堂的实施者，更是反思性的实践者，学会反思是每个教师职业成长的必经之路。因此，我们积极倡导写好课后反思，而怎样写课后反思，写什么等问题是每一个教师非常关注的问题，在教学反思中，可以围绕以下具体问题进行。一是教材的创造性使用。如教材中有的生活场景的选择，问题情境的创设并不是很贴近学生的生活，不能引起学生共鸣，因此，我们在创造性地使用教材的同时可以在反思中加以记录；二是教学的不足之处，如小组学习有没有流于形式，有没有关注学生情感、态度、价值观的发展等内容。针对问题找到了哪些解决办法和教学新思路，写出改进策略和教学的新方案；三是学生的独到见解。上课时学生提出了哪些有价值的问题；四是学生的学习是否与教案设计相统一。

写课后反思追求"短"——短小精悍；"平"——平中见奇；"快"——快捷及时。也可归入自己的资源库，以备不时之需。

由于教材内容、教师水平的差异及教师书写教案的风格不同，以上项目及内容，不可能在每个课时教案中全部体现出来，因此，教案的书写要有一定的灵活性。教案的编写要详略得当，对新教师来说，教案应写得适当详细些，各方面的问题要考虑得周到些。有经验的教师可写得适当简略些。

　　教学过程这一部分要反映出主要教学内容与步骤，特别要反映出所采用的教学方法。对一些重要问题如何提出，如何启发学生，如何使用课堂教学语言等，必须经过精心考虑后写在教案上。

　　写好教案后，可以通过试讲或默讲来进一步熟练掌握教学方法，反复揣摩表达方式，使教学臻于完美。这样才能达到"教案讲稿化，上课脱稿化"的境界与层次。

第三章　课堂教学的讲授艺术

讲授是教师通过口头语言向学生系统传授科学文化知识的教学方式。它主要通过叙述、描绘、解释、推论等引导学生了解现象，感知事实，理解概念、定律和公式，从而使学生认识问题、分析问题、解决问题，并促进学生智力与人格的全面发展。

第一节　课堂讲授的基本形式

讲授通常有讲述、讲解、讲读和讲演四种基本形式。

（一）讲述

讲述是指教师用生动形象的语言，对教学内容进行系统的叙述或描述，从而让学生理解和掌握知识的讲授方式 。讲述分为叙述式和描述式。叙述式在文科教学中用于叙述学习要求、政治事件、社会面貌、时代背景、人物关系、故事梗概、写作方法、历史事实、地理状况等；在理科教学中用于叙述学习要求、数量之间的关系、自然现象的变化、物体结构和功能、生物种类和遗传、实验过程和操作方法等。描述式在文科教学中用于刻画人物、描绘环境、介绍细节、渲染气氛、表达感情等；在理科教学中用于描述与课题内容密切相关的科学家或发明家的经历或业绩。叙述式和描述式的相同之处在于：都是说事，而不是说理。其不同之处在于：叙述式的语言简洁明快，朴实无华；描述式的语言细腻形象，生动有趣。

它可为六种基本形式。

1.直述式。所谓直述式是通过艺术化的课堂教学语言，向学生直接讲述知识。直述式的基本要求，一是要有系统性，条理清楚，重点突出；二是语言要清晰、简练、准确、生动，要有启发性；三是说写并重，恰当地运用板书。

2. 谈话式。谈话式是师生之间利用问答对话的方式进行讲授的一种方法。它的特点是不仅教师讲，学生也讲，师生处在平等对话的地位。运用这种方式的基本要求是，教师谈话前要精心准备；谈话中要抓住重点和关键，因势利导，多给学生以发言的机会；谈话结束后要有总结，让学生明确孰是孰非。

3. 讨论式。是在教师的指导下，就教材中的某些主要问题，在独立钻研的基础上，共同进行讨论。可以同桌或前后排讨论，也可以分成若干小组。其优点在于能活跃学生的思想，让学生充分发表意见，加深对问题的理解。其基本要求是，讨论前要有明确的目的，要拟定讨论题目；讨论时要随时了解情况，善于启发引导，讨论结束时教师要及时总结，使讨论的题目有归宿。

4. 启导式。是以启发引导为主，让学生自己学习理解教材的一种方式。其主要特点和基本要求是，教师讲授少而精，学生动脑又动手，学生在教师的启发引导下通过动脑动手弄懂教学内容。

5. 训练式。训练式是指以练代讲。在教师指导下，学生通过做练习来理解教材。这里要注意的是，以练代讲不是完全不讲。教师要针对课堂教学及学生的实际，进行少而精的讲授，以启发学生动脑动手；训练题要有系统，有梯度。要加强系统性，避免随意性。

6. 综合式。即讲练结合。或先讲后练，或先练后讲，或边讲边练，把讲练有机结合起来。通过讲帮助学生弄清教学的重点、难点；通过练，进一步巩固所讲内容。其基本要求是讲要有重点，练要有中心，二者要有机结合。

（二）讲解

讲解是指教师对教材内容进行解释、说明、阐述、论证的讲授方式，通过解释概念含义，说明事理背景，阐述知识本质，论证逻辑关系，达到使学生理解和掌握知识的目的。讲解不是讲事，而是讲理，侧重于发展逻辑思维能力。它包括三种方式。

1．解说式。运用学生熟悉的事实、事例，引导学生在情境中接触概念，以感知为起点对概念进行理解，或者把已知与未知联系起来，说明事物的本质属性和基本特征。如对古文、外语、专业术语进行准确的翻译，对疑难词语给出恰当的解释等。这种方式一般用来讲解无须定量分析的理论知识，多用于文科教学。

2．解析式。解释和分析规律、原理和法则，是基础知识教学和基本技巧训练的重要方式之一。主要有归纳和演绎两种途径。归纳是通过讲授分析事实、经验或实验，抓住共同要素，概括本质属性，综合基本特征，用简练、准确的语言做出结论，再把结论用于实践，解决典型问题，最后对相似的、易混淆的内容进行比较，指明区别和联系；演绎，即首先讲解规律、原理和法则，再举出正反事例，加以应用。

3．解答式。以解答问题（思考题、练习题）为中心，具有一定的探索性。从事实中引出问题，或直接提出问题，明确解决问题的标准，提出解决问题的办法，进行比较、择优，进而找出论据，再开展论证，通过逻辑推理得出结果，最后归纳总结。

（三）讲读

讲读是在讲述、讲解的过程中，把阅读材料的内容有机结合起来的一种讲授方式。通常是一边读一边讲，以讲导读，以读助讲，随读指点、阐述、引申、论证或进行评述。讲读主要有五种方式。

（1）范读评述式。一篇课文由教师或学生分段范读，边范读边评述。

（2）词句串讲式。在讲读课文时，在具体的语言环境下分析文中词句，筛选重点词句并板书。

（3）讨论归纳式。读课文时遇到容易使学生困惑、起争议的地方，引导学生进行讨论，待学生发言后，教师做小结。

（4）比较对照式。读完课文后，比较文中的人与人、事与事、物与物，在同中求异或异中求同的过程中讲授知识，指导学习。

（5）辐射聚合式。联系先前学过的文体相同、主题相近、写法相似的课文，对二者进行分析比较，综合概括，找出联系与区别，形成知识规律。

（四）讲演

讲演是讲授的最高形式。它要求教师不仅要系统而全面地描述事实、解释道理，而且还要通过深入地分析比较、综合概括、推理判断、归纳演绎等抽象思维手段，做出科学的结论，让学生理解和掌握理论知识，形成正确的立场、观点和方法。

第二节 课堂讲授的基本要求

一、恰当地确定、组织教学内容

1.教师的讲授内容要根据备课时的设计，有顺序、有层次、有重点地展开，使讲授内容本身具有系统性、连贯性。

2.教学的知识目标的要求之一，是使学生掌握的文化科学知识必须具有系统性，而不能是杂乱无章的知识。教学中传授系统知识的必要性在于，只有系统的知识、具有内在联系的知识，才容易为学生掌握，才能够促进知识向智力、能力的转化，才能够使所学的知识对以后的工作、学习发挥迁移作用。

3.课堂教学的直接任务之一，是使学生突破教材内容的难点，通过领会、理解，掌握作为重点的教学内容，并使当前所学知识与以前的知识衔接起来，使所学的知识相互贯通起来。这要求教师在运用讲授法进行教学时，要认真钻研教材，根据课堂教学目标、教学重点和学生认识事物、领会理解知识的顺序，认真组织教学内容。

4.具体要求

①遵循由整体到部分、由一般到特殊"不断分化"的原则，加速知识的同化。

②遵循综合贯通的原则，建立知识之间的内在联系。

③遵循以点带面、以简驭繁的原则，力戒面面俱到、四面出击地

讲授。

④根据备课时对教学内容重点、难点、关键点的确定，围绕"三点"组织讲授内容，力戒讲授内容芜杂、混乱、重点不突出，使学生难以掌握要领。

二、恰当充分利用学生原有的知识

1. 保证学生有意义学习的首要条件，是使学生原有的知识结构中具有适当的知识与新学习内容，建立人为的实质性联系。否则，教师的讲授内容再富有逻辑意义，也不能为学生所吸收。影响学生学习的最重要的因素是学生已经知道了什么。

2. 根据学生原有的知识结构进行讲授，是使学生领会理解新教材内容的重要措施。这要求教师在课堂讲授过程中，要根据备课时对学生已有知识结构的了解情况，有的放矢地进行讲述、讲解，努力增强讲授内容的针对性（针对学生理解上的难点）。

3. 充分利用学生原有知识结构的讲授策略，是在备课时，根据新的教学内容的特点、具体教学目标的要求和学生原有的知识结构，恰如其分地设计"先行组织者"。

三、注意激发学生的学习动机

1. 学生在课堂中的学习是系统的有意义的学习。这种有意义的学习本身是一个充满矛盾与困难的过程，需要学生不仅付出时间的代价，也需要付出体力与智慧的代价。因此，它的进展需要由动机、情感、态度等来维持、引导、加强、协调。

2. 学生的学习是由学习动机引起、支配的。学习动机是直接推动学生进行有意义学习的内部动力。它是一种学习的需要。这种需要表现为学习的意向、愿望、兴趣等，对学习起启动与维持作用。

3. 运用讲授法进行教学，必须重视激发学生的学习动机，培养其学习兴趣，使学生明确课堂教学乃至整个学习的目的，使学生有强烈的学习倾向。这样，才能把讲授的内容转化为学生的需要，使讲授收到预期的效果。

四、讲求教学语言艺术，提高表达效力

讲授是以口头语言表达的形式进行的。因此运用讲授法，必须讲求语言艺术，提高语言的表达效力。

（一）讲求讲授语言应遵循的基本原则

1.善意原则。它要求教师要有关心、爱护、帮助学生的思想认识基础；讲授用语亲切、自然，使学生能切实感受到教师的良好愿望，从而心悦诚服地接受教师的教诲。

2.尊重原则。这是讲授语言的态度原则。它要求教师对学生必须持尊重的态度，用语遣词要礼貌得体、语调要亲切和蔼，随时调整失误用语。力戒使用讽刺、挖苦、有辱学生人格的语句。

3.可接受原则。要求讲授用语必须切合学生的特点，必须通俗易懂，必须调整好教学内容的深度、广度，必须合乎社会的语言规范。

4.协调一致原则。它要求讲授用语必须与教学目标密切相关；必须使师生双方能够相互沟通，通过增强用语的启发性，使教师与学生、学生与学生之间能够进行多向交流；必须与学生的认识规律相符合。

（二）对讲授用语的基本要求

1.条理清楚。条理清楚是讲授语言的整体组织要求，东拉西扯，杂乱无章，颠三倒四，语无伦次的讲授，要想学生获得清楚的印象是不可能的。

2.简练准确。这是讲授语言的单一结构要求。简明扼要的语句，使人听着舒服，好记。

3.富于启迪。这是讲授语言结构的最高要求。讲授中教师不但要善于把现成的知识传授给学生，更要善于发展学生的智力。怎样才能使讲授语言具有启发性呢？包括如下内容。

①中肯。中肯的语言是指话说到问题的点子上，及学生的心坎上了。学生最渴望解决的问题，你说中了，提出来了；学生最想知道的事情，你讲到了，回答了，往往能引起他们的兴趣和思考。

②含蓄。就是说话时不要把情意全部表达出来，不要道破天机，此所谓举一反三。

③诱发。如果不设法诱发学生的学习积极性，讲授决不会达到预期的效果。

4. 鼓动。要借助教师语言的外力去激发学生学习和思考，使学生跃跃欲试，勇攀高峰。鼓动性的语言具有感情色彩，铿锵有力，且观点鲜明，态度坚决，能给学生指明目标。

5. 浅显通俗。浅显通俗的语言，使人听起来清楚易懂，且有平易、朴素、亲切之感。要使讲授语言浅显通俗，应注意两点：一是深入理解讲授内容；二是要有丰富的词汇量，要把复杂、深奥的内容，用一种浅显通俗的语言形式全面、准确地表达出来，没有一定的词汇量是达不到的。

6. 形象生动。形象生动的语言给人一种直观感和动感，使人兴趣盎然，并能在记忆里留下深刻的印象。

使语言形象生动应注意以下三点。

①善于例证，即运用典型材料来说明抽象的理论，把抽象的东西联系起来。这样能使讲授语言生动、具体化。

②运用比喻，使语言形象生动，引起学生联想。

③适当引用一些名言、名句、成语、典故、诗词、顺口溜、群众口语、民间谚语、电影、故事、文学艺术语言等，这也可使讲授生动有趣。

7. 清晰悦耳。讲话是有声的语言，是用声音表达或传送情意的。学生听得是否清楚、明白、生动、有趣，常常与声音的高低、快慢的控制，以及清晰度、语调等因素有一定的关系。

8. 流利畅达。从进程、速度看，要流利畅达。讲话如行云流水，使人有轻快之感。

9. 抑扬顿挫。从音量、声调、速度三者的变化看，要抑扬顿挫。平铺直叙、呆板单调的讲话，使听者昏昏欲睡。所以，要根据教材的情意和听者的情况，适当地控制语音的大小、调子和速度。

五、多种方法并用

1. 科学的讲授法是课堂教学中应用最多、成效显著的教学方法，但也不是万能的教学方法。

2.讲授法既具有很多其他教学方法所不可比拟的优越性，同时又有一定的局限性。因此，即使在以讲授为主的课堂教学中，也不可一堂课自始至终都由教师讲学生听；即使能够激起学生学习的兴趣，能够让学生积极参与教学活动，也必须从教学实际出发，根据整体性的布局要求，综合地运用多种教学方法，做到扬各教学方法之长，避各教学方法之短，注重教学方法的整体效益。

3.对于中小学生特别是中低年级的学生来说，由于其有意注意及认知心理发展的不完善性，运用单一的教学方法，由于不能长时间地保持有意注意，其教学效果都会受到影响。

4.运用讲授法，不仅要将讲述、讲解等讲授方式很好地结合起来，而且还要注意辅之以其他方法。

六、处理好讲与不讲的关系

1.在班级教学的教学组织形式中，讲授法的应用范围很广，各门学科、各种类型的课，其教学都要运用讲授法。

2.为了完成教学任务，提高课堂教学效果，教师首先应从教学内容的特点、学生的知识水平出发，确定一节课的教学任务及完成任务的主要方法，其次在确定运用讲授法时，要处理好讲与不讲的关系。

3.确定"讲"与"不讲"的基本依据是学生的学习心理。因此，教师在处理教材时，要充分考虑学生的学习心理的年龄特点和学生现有的知识水平，估计学生通过自己阅读、思考就能理解的内容，就可以少讲、不讲；对于教材难点、重点，教师也可以先不讲，启发学生讨论后再讲，针对学生的理解状况，做出讲与不讲、少讲、多讲、浅讲、深讲的判断，并进行相应的讲授。

七、注意因材施教并做好课堂教学的组织管理工作

1.讲授法的基本特点之一是教师讲学生听。在班级教学这一教学组织形式上，有利于学生在较短的时间内获取更多的知识。

2.教师要坚持"面向全体兼顾两头"的原则，一方面从大多数学生的实际水平出发确定讲授的方式、内容；另一方面要兼顾优秀学生和后进学生的实际需要，争取使全体学生都掌握相应的教学内容；其次也应切实地考虑每个学生的具体情况，采取一定的方式，争取使每一个学生都学有所获。

第三节　课堂教学的艺术体现

一节成功的好课，与教师的教学艺术是密不可分的。在课堂教学中，教师若能掌握、发挥好课堂教学的各种教学艺术，必然会收到良好的效果。

一、教师的语言艺术

教师的语言艺术在课堂教学中占有重要地位。优美、流畅、动听的语言能够牢牢地吸引学生的注意力，使整个课堂教学处于一种张弛有致、轻重适度、缓急合理的良性状态。这种优美的语言艺术应表现为：声音洪亮、抑扬顿挫、语速适中、生动准确、娓娓动听。在教学中若能根据不同的教学内容恰到好处地运用语言艺术，灵活多变地设置各种不同的教学情境诱导学生"入境"，必然有助于学生的学习兴趣，获得良好的教学效果。

二、教师教学的情境艺术

在课堂上教师一定要排除一切杂念，全身心的以一种饱满的、愉快的、积极的教学激情投入课堂教学当中，保持良好的情绪。这样不仅可以为学生创造一种气氛热烈、趣味盎然的学习情境，而且还能使学生由于受到教师教学激情的感染而全身心投入学习中去。在这样轻松愉快的教学气氛中，教师既能保持清晰流畅，又促使语言生动活泼，还能使学生的学习情绪饱满、思维活跃。

而一节好课还与教师良好的教态有着内在的联系，是不可分割的，教态是教师教学素质和能力的结合体，所以教师必须保持良好的教态。要做到这一点，教师首先要热爱教育，热爱自己所教的学生，这样才能在课堂上油然而生责任感、自豪感，才能表现出和蔼可亲、严中有爱、始终微笑的良好教态。

三、调动学生兴趣的教学艺术

兴趣作为一种行为的动力，它将推动学生积极主动、自觉地学习。因而在教学中，教师要注意培养和激发学生学习的兴趣。这样既可以激发学生的学习热情，又能拓宽学生的思维能力。在课堂教学中，由于教师声情并茂地讲解，使师生间的情感也能得到充分的交流，使课堂气氛始终处于教师预定的效果。

四、教学中教师随机应变的艺术

一位合格的教师还应具备应对课堂教学中各种突发事件的应变能力，这种应变能力的高低也直接体现出教师的自身素质问题。比如，在课堂上，有的学生淘气，把一只刚会飞的小鸟或一只大青蛙带入教室，不小心发出鸣叫声，因而影响了学生的注意力。这时，作为教师就要适应这种突发事件，掌握好随机应变的教学艺术，迅速稳定学生的学习情绪，控制好课堂秩序，圆满完成教学任务。

在教学中教师的语言艺术、情绪艺术与教态艺术，调动学生兴趣的艺术、随机应变的教学艺术是相互联系、密不可分、缺一不可的，也是上好一堂好课的重要保障。

第四节　课堂教学艺术美的体现

课堂教学是科学，又是艺术。科学求真，艺术求美。实现科学与艺术的完美统一，教师必须遵循教育规律和审美原则，综合运用娴熟的教学手段、方法和技巧，进行卓有成效的、创造性的教学实践，努力获取最佳教学效果，达到科学、艺术、效率和高度完美统一。

一、讲授，凝聚"四力"的整体美

要使课堂教学达到科学与艺术的完美结合，教学活动要始终凝聚"四力"，即激发学生主体意识，增强学生的内驱力；设疑激趣紧密结合，增强探究的吸引力；精确透辟相得益彰，增强讲授的说服力；

生动形象简明直观，增强语言的感染力。正如苏霍姆林斯基所说："学生带着一种高涨的激动的情绪从事学习和思考，对面前展示的真理感到惊奇甚至震惊；学生在学习中意识或感觉到自己的智慧和力量，体验到创造的快乐，为人的智慧和意志的伟大而感到骄傲。"

从课的起始导入、问题的呈现、概念的确立到规律的揭示、习题的处理……都应体现教师的匠心独运，使学生始终处于一种情趣盎然的积极状态。少有雕琢斧凿的痕迹和"填鸭式"的灌输，更多的是充溢鲜活热烈的气氛和行云流水般的艺术享受。

二、导入，顺理成章的自然美

有位学者曾提出"课伊始，趣即生"的教学要求，可见"首因效果"之重要。课导入得顺畅精彩，才能吸引学生的有意注意，唤醒学生的求知欲望，诱发学生的探究兴趣，点燃学生的智慧火花，使学生积极思维，勇于探索，主动去获取知识。反之，学生就不能迅速进入"角色"，学习就会被动甚至产生逆反心理，直接影响教学目标的实现。

阎承利先生将课堂导入方法归纳为温故、实践、观察、讨论、激情、设疑、图画、悬念、诗词、切入等32种，可见导入方法之多。要使导入富于艺术性，一定要从学生的实际出发，从课型的需要入手。既要符合教学的目的性和必要性，又要符合教学内容的科学性和规律性。

三、板书，直观规范的形态美

板书是教师讲课时所写的文字、公式、符号以及所画的图表、悬挂的物品等。教师的板书是展开于空间、表现为静态、作用于视觉，以体现知识的"核"而存在的艺术。它是整个教学思路和内容的浓缩，是课堂教学的重要环节，是教学艺术的点"睛"之笔。板书运用得好，可以使教学重点按一定的形式有系统、有条理、有次序地显现出来，帮助学生轻松地突破难点，准确地掌握重点，有效地学会基本知识，迅速地提高基本技能，进而提高课堂教学效率。反之，则会使课堂教学大为失色。

教师的板书设计，要留给学生一定的机会和空间，让板书成为师生互动的教学环节，团结协作的有效平台，共同创造的艺术作品。

四、巩固，变式练习的层次美

练习是课堂教学的有机组成部分，是强化巩固知识的重要途径和手段。课堂练习的艺术在于层次性和多样性。

所谓层次性，是指课堂练习要有层次、有梯度、有变式，使学生循序渐进，逐步提高。所谓多样性，是指课堂练习设计要多样，题型要富于变化，具有针对性、典型性、启发性、目的性、渗透性、整体性、趣味性；练习的性质应分为逆向练习、辐射练习、动态练习、操作练习等；练习的结构要根据一定的目的设计适量的题组，使知识逐步系统化、网络化、集成化。

五、语言，声形并茂的艺术美

课堂教学离不开语言。语言是思想的物化，是传授知识、传递信息的主要载体之一。课堂语言又分有声的口头语言和有形的体态语言。这两种语言有机、巧妙、艺术地结合，"在极大程度上决定着学生在课堂上脑力劳动的效率。"口头语言应简明准确，具有科学性；形象通俗，具有直观性；深刻隽永，具有哲理性；生动含蓄，具有启发性；条理清晰，具有逻辑性；抑扬顿挫，具有节奏性；机智风趣，具有幽默性；潜移默化，具有教育性；丰富多彩，具有灵活性；突出特征，具有专业性。

体态语言是指用手势、姿态、动作、眼神和表情来表达某种意思的无声语言。美国心理学家罗伯特·布鲁克斯认为，"体态语言对于教师帮助学生保持长时间注意以便完成任务而言，不失为一种有力的措施"。可见，教学语言应是声与形的完美结合。无论是组织教学、导入新课、课堂练习、归纳总结，还是引导概括、分析判断、音像使用、图表绘制、课件展示……都要将二者结合得恰到好处，充分体现教学语言的艺术魅力。

口头语言和体态语言虽然是教学的外在表现，但恰恰是教师思想品格修养和文化底蕴的充分展示。没有良好的教师素养，就没有精彩的教学语言，也就不可能有理想的教学效果，更谈不上科学与艺术的完美结合。

第四章　课堂教学的导入艺术

课堂导入是课堂教学环节中的重要一环，是课堂教学的前奏，如同一出戏的"序幕"。好的导入能引起学生的注意，犹如一把开启学生兴趣大门的金钥匙，因此，应追求导入艺术化，为课堂教学整体艺术化创造一个良好开端。

第一节　课堂导入的功能

导入是教师在一项教学内容或活动开始前，引导学生进入学习状态的行为方式。作为课堂教学的重要环节，导入是一堂课的开始，有时也会贯穿整个课堂教学之中。"良好的开端是成功的一半"，精彩的导入会为课堂教学奠定良好的基础。

一、导入的功能

（一）课堂导入可以激发学生的学习兴趣，引起学生的学习动机

巧妙的课堂导入，会使学生产生浓厚的兴趣，并怀着一种期待、迫切的心情渴望新课的到来。教师在学生进入"愤"的状态时"启"，在学生进入"悱"的状态时"发"，这样的教学效果最佳。学生一旦进入了这种状态，就能产生强烈的学习动机，主动、自觉地投入到学习中去，变被动的"要我学"为主动的"我要学"。

（二）课堂导入可以使学生明确学习目标，进入积极的思维状态

对学生来说，每一堂课都是一个新的开始，其内容也各不相同，而学生在课前却可能从事各种各样的活动，其兴奋点也可能还沉浸在

刚才的活动中，那么怎样才能实现学生兴奋中心的转移呢？关键就在于导入。导入时教师必须首先对学生的注意进行唤起和调控，调动学生的认知注意和情绪注意。富于创意的导入，具有先声夺人、引人入胜的效果，使学生上课伊始就把注意力转移到新课的学习上来，为完成新的学习任务做好心理准备。

（三）课堂导入可以衔接新知与旧知，为学生学习新知识提供必要的知识背景

课堂导入是旧课与新课之间的"桥梁"和"纽带"，具有承上启下的作用，既是先前教学的自然延伸，也是本节课教学的开始。因此，新课的导入总是建立在联系旧知识的基础上，以旧引新或温故知新，而借此来促进学生知识系统化。新颖、富有诱惑力的开场白，与内容直接联系，既能够引人入胜，又可以自然顺畅地引起下文，为整个教学的成功奠定良好的基础。

（四）课堂导入可以揭示本节课题，体现教师的教学意图

教学目标对于教师是教授目标，对于学生是学习目标。通过导入，教师把教学目标转化为学生的学习目标，学生知道了学习目标就能明确学习的方向，自觉地以目标来规范自己的行为，主动地逼近目标。同时，教学目标还有激发学生学习动机，使学生产生强烈学习愿望的作用。所以，在导入时，教师应该清晰地使学生知道需要观察什么、做什么、想什么、达到什么标准才符合要求，并阐明本次课的教学目标，从而形成学习动机。

（五）课堂导入还可以沟通师生感情，创设和谐的学习情境

导入既是传授知识的开始，又是沟通师生情感的过程。学生的学习情感直接影响学习效果，引发学生的情感，使学生进入教学内容中的情境，并与教师一起与教学内容之间产生情感上的共鸣，从而达到师生情感相通，心理相融，共同探索，学生会很好地理解教学内容，并获得亲身的学习体验。所以，利用开场白与学生建立情感，使之觉得你可亲、可敬、可爱，拨动他们的心弦，博得他们的好感，是教学演讲的重要技艺之一。

第二节　课堂导入的原则

课堂教学的导入，犹如跳高运动员起跳前的"助跑"，电影的"序幕"，演讲的"开场白"一般必不可少。现代教育心理学和统计学表明，学生思维活动的水平是随时间变化的，一般在课堂教学开始10分钟内学生思维逐渐集中，在10～30分钟内思维处于最佳活动状态，随后思维水平逐渐下降。而心理学对人的"注意规律"研究表明，人在注意力集中的情况下，更能清晰地、完整地、迅速地认识事物、理解事物，因此成功的导入，不仅能"未成曲调先有情"，磁石般吸引住学生，集中学生注意力，激发学生兴趣，激起学生的求知欲，而且能有效地消除其他课程的延续思维，使学生很快进入新课学习的最佳心理状态，提高课堂教学效率，取得事半功倍的教学效果。反之，一段失败的课堂教学导入会使学生产生厌烦心理，学习不主动，结果导致概念不清，主次不明，重点、难点不分。由此可见，研究和讨论课堂教学导入技能是非常必要的。

导入遵循的原则：

一、要具有针对性和目的性

导入要针对教材内容明确教学目标，抓住教学内容的重点、难点和关键点，从学生实际出发抓住学生年龄特点、知识基础、学习心理、兴趣爱好等特征做到有的放矢。"导"是辅助，"入"才是根本。所以，导入要考虑教学内容的整体，要服从全局，不可舍本求末。

二、要具有科学系统性

导入设计应该建立在科学的教学理论系统基础之上，要确保导入内容本身的科学性，即做到导入内容准确无误。导入的科学系统要素包括人的要素（教师和学生），物的要素（导入材料），操作要素。导入材料与教学内容之间存在的逻辑关系是联系以上各要素的主线，是决定整个导入设计的关键因素，因此导入要具有科学系统性。

三、要具有启发趣味性

积极的思维活动是课堂教学成功的关键。富有启发趣味性的导入能引导学生发现问题，激发学生解决问题的强烈愿望，能创造愉快的学习情景，促使学生自主进入探求知识的境界，起到抛砖引玉的作用。苏联著名教育学家巴班斯基认为："一堂课之所以必须有趣味性并非为了引起笑声或耗费精力，趣味性应该使课堂上掌握所学材料的认识活动积极化。"孔子也说："知之者不如好之者，好之者不如乐之者"，可见兴趣是最好的老师。

四、要具有操作简洁性

导入要精心设计，要确保教学内容符合学生的认知水平和接受能力，在一定的时间范围内，力争用最精练的语言集中学生注意力，使学生接受或掌握，并在课堂教学中行之有效。可操作性是联系师生与导入内容的桥梁，是课堂导入设计的重点部分。

五、要具有关联时效性

事物之间是互相联系的。导入要善于以旧拓新，温故知新。导入内容要与新课内容紧密相连，能揭示新旧知识联系的交点，使学生认识系统化。同时要注意课堂导入只是盛宴前的"小餐"，而不是一堂课的"正传"，所以时间应该紧凑得当，一般控制在2～5分钟之内，如超过则可能喧宾夺主。

第三节　课堂教学导入艺术的主要方法

根据学生的心理特点，遵循教学规律，结合课程重点内容来设计导入，笔者认为以下十二种方法值得一试。

一、"丢包袱"导入法

有针对性地设置相宜、精当的问题导入，这是教学中常用的一种导入方法，即"丢包袱"法。古人云："学起于思，思源于疑"，

"学贵知疑，小疑则小进，大疑则大进，疑者觉悟之机也，一番觉悟，一番长进"。心理学上认为，思维过程通常是从需要应付某种困难，解决某个问题开始，概括地说，思维总是从某个问题开始。根据这个原理，新课的导入，教师要有意识地设置一些既体现教学重点又饶有趣味的问题，诱发学生学习的欲望，创设逐疑探秘的情境，激发学生的思维。

二、"目标展示"导入法

当前教学中很提倡一种教学方法——目标展示法，又称"一课一得法"，要求学生在有限的45分钟内能够正确、完整地掌握一项重点内容。要想真正做到一"得"，就要求教师明确课文重点、确定目标。一开始讲课就直奔主题，即"目标展示"导入。如一位教师上《谈骨气》一课时，在黑板上用彩色粉笔写上"议论中记叙的作用"几个字，明确告诉学生，这是本节课所要重点解决的问题，能把这个问题解决清楚，就真正达到"一得"，本课的教学任务就算完成了。

目标展示导入法醒目，直截了当，直切主题，是一种很好的导入方法。

三、"直观教具"导入法

中学生还处在青少年时期，偏重感性认识，思维正处于由形象思维向抽象思维过渡时期。根据这种心理特点，在教学中应大胆采用直观教具导入。这种方法是利用实物、标体、模型或挂图等直观教具，引发注意力，激发兴趣。直观教具可利用现成材料，也可自己制作。如学习《七根火柴》一课时，教师就直接拿着七根火柴进课堂导入新课，引导学生理解红军战士对党的一片赤诚。《核舟记》一课，教师同样拿几颗随地可拾的桃核导入新课，普通的桃核，激发了学生对古代艺术的赞叹。

四、"语感传送"导入法

语言是表达感情的主要手段。在教学中，教师用优美、生动的语言，通过富有感情的朗诵，会把学生带进教材内容的情境之中。日本心理学家泷泽武久用大量的实验结果表明，一旦学生对学习失去感情，则学生的思维理解、记忆等认识机能会受到压抑阻碍。强烈的情感，能提高学生学习效果。因此，语言感情对一堂课的导入是很重要的。如学习《纪念白求恩》一课，针对初一学生，可以选用朱子奇的《白求恩纪念歌》用富有感情的语调朗读："秋风吹着细雨/延水奏着哀曲/从遥远的五台山/传来了悲痛的消息……"把学生引入对白求恩逝世的悲痛和悼念的情境之中。又如，学习《周总理，你在哪里》，首先朗读李瑛写的《一月的哀思》感染学生，然后转入正课。

五、"动手操作"导入法

青少年的思维活动往往是从动作开始，经常动手，可以刺激思维发展，提高智力水平。课堂上采用"动手操作"导入，可以大大活跃课堂的气氛。

如学习诗歌《渔歌子》，事先叫学生准备好画笔、颜料，讲课开始就说，"同学们，今天我们来比赛画画，请根据诗歌《渔歌子》的内容，画一幅画，看谁画得又快又好"。学生一听，可来劲了，勾描的勾描，涂彩的涂彩，忙得不亦乐乎，整个课堂气氛被调动起来，对诗歌内容的理解也迎刃而解。

让学生动手操作，充分体现导入艺术的"活"和学生的"动"。"活"与"动"工作做得好，就能既提高学习语文的兴趣，又对所学内容理解深入。

六、"演示实验"导入法

实验，并不只是理化课堂上才有的。一名成功的语文教师，还应当是一名实验员。用实验导入，让学生亲眼看到所发生的一切，所产生的现象，可以诱发学生探索的兴趣。如学习《万紫千红的花》一课，根据课文内容，事先准备一朵喇叭花，一杯肥皂水、一杯醋。课上，教师这样导入：同学们，今天我来变魔术。哗！语文教师变魔术，学生的心一下被"吊"起。于是教师就把事先准备好的喇叭花放在肥皂水里，马上变蓝，又放进醋里，又变红，学生纷纷问为什么会这样，因此，对本课就产生了兴趣。又如，学习《同志的信任》这一课，根据"淀粉"遇碘变蓝的原理，教师也采用实验导入，既诱发学习的兴趣，又使学生明确当时的背景——白色恐怖下采取的秘密革命活动。因此，实验导入新课不愧是一种"催化剂"。

七、"讲故事"导入法

故事对学生具有很大的吸引力，因为它有生动的情节、丰富的内涵。通过生动形象地讲述故事或事例来感染学生，从而顺利、生动地导入新课。如《人民的勤务员》导入就讲述雷锋小时候的故事，《天上的街市》导入就讲述牛郎织女的故事等。通过故事，吸引学生注意力，不仅顺利导入了新课，又扩展了学生的知识面。

八、"音乐感染"导入法

悦耳动听的音乐可以产生愉悦的心情，陶冶人的情操，用音乐法导入，会使学生快乐地进入课文，接受新知识。如《春》一课，采用《春天来了》这首古筝弹奏的名曲，让学生沉浸于心旷神怡、气象万千的春天美景之中，又如《看戏》一课，采用《梅兰芳京剧选段》的盒带音乐导入，学生们立刻就被中国的艺术瑰宝——京剧吸引住了。用音乐感染法导入能使学生真正"乐"学。

九、"讲文学史"导入法

许多文学家的感人事迹，不但能引人入胜，集中学生的注意力，而且还能激发学生向先辈学习的热情，激发学生立志成才。如《榆钱饭》一课，作者刘绍棠，当教师介绍到他的小说《青枝绿叶》在1953年被编入高中课本，而他本人当时还正在读高中时，学生发出由衷的赞叹。又如朱自清"抵制日货""不为五斗米折腰"的事迹，鲁迅先生的"口诛笔伐""俯首甘为孺子牛"的精神等，这些文学史料能深深打动学生，使他们产生热爱文学的共鸣。

十、"幻灯投影"导入法

这是一种利用先进科学技术手段的导入方式，条件好的学校可充分地利用。如《雄伟的人民大会堂》《人民英雄永垂不朽》均可采用现成的投影材料导入。"幻灯投影"导入法能够"化静为动""化虚为实""化繁为简"，强化视觉，增强学习效果。

十一、上下衔接导入法

这是一种最常见的导入方法。它主要根据知识之间的逻辑关系和联系，找准新旧知识的联结点，以旧引新或温故知新。复习导入、练习导入均属于此类。运用上下衔接导入法要注意以下三点。

1.找准新旧知识的联结点。联结点的确定要建立在对教材认真分析和对学生深入了解的基础之上。

2.搭桥铺路，巧设契机。复习、练习、提问等都只是手段，一方面要通过有针对性的复习为学习新知识做好铺垫；另一方面在复习的过程中，要通过各种巧妙的方式设置难点和疑问，使学生思维暂时出现困惑或受到阻碍，从而激发学生思维的积极性，造成传授新知识的契机。

3.因材施教，方式多样。学科不同，教学内容不同，衔接的方式也应有所变化。如音乐、美术、体育等学科，一般多采用练习、演示的方式，先让学生练习一下上节课的动作或技巧，看其是否掌握或熟练，再进行矫正和指导，然后传授新的内容。而语文、政治、历史等学科，则要借助提问、讲述、引证来进行。物理、化学、数学等学科，则应以练习、实验、演示为主，或复习、巩固、印证前面所学的知识，或以此为基础展示新的矛盾和问题，引发学生的积极思考。

十二、悬念导入法

悬念，一般是指对那些悬而未决的问题和现象的关切心情。在教学过程中，精心构思，巧设悬念，是有效导入新课的方法。俗话说，好奇之心，人皆有之。利用悬念激发学生的好奇，催人思索，往往能收到事半功倍的效果。

制造悬念的目的主要有两点，一是激发兴趣；二是启动思维。悬念一般是出乎人们预料，或展示矛盾，或让人迷惑不解，常能造成学生心理上的焦虑、渴望和兴奋，只想寻根溯源，知道究竟。这种心态正是教学所需要的"愤"和"悱"的状态。但须注意的是，悬念的设置要适当，不悬，不足以引起学生兴趣；太悬，学生百思不得其解，都会降低学生的积极性。只有不思不解，思而可解才能使学生兴趣高涨，自始至终扣人心弦，收到引人入胜的效果。

第四节　课堂教学导入艺术应注意的几个问题

一、要有针对性

根据教材内容和学生可接受的程度，采用不同的导入法，不能生搬硬套，要灵活机动，不刻板，不单一。如《纪念白求恩》一课，既可用"语感传送"法，又可用图示的直观法，还可用白求恩事迹导入。这就要根据实际需要，采用最佳的方式方法，真正做到既扣"文笔"，又扣"心弦"。

二、要明确"导入"与"整个课堂"的关系

不能让"导入"淹没整个课堂的教学。"导入"只能是"导火线"。时间方面亦应控制在5分钟左右，不能太长。

三、保证课堂质量

对于可供操作的导入要精心设计，有时还需预演模拟，做到"万无一失"。

一名优秀的教师，要认真钻研课程标准，深刻体会当前教学的指导思想，精心设计导入，充分发挥导入的"导火线""催化剂""润滑剂"作用。同时，还要明确，应将教学过程各个环节处理好，使之成为一个紧凑的、有机的统一体，课堂教学才能取得成功。

第五章 课堂教学的启发艺术

在中国，"启发"一词源于古代教育家孔丘的"不愤不启，不悱不发"。中国古代学者朱熹解释说："愤者，心求通而未得之意；悱者，口欲言而未能之貌。启，谓开其意；发，谓达其辞。"《学记》的作者提出"道而弗牵，强而弗抑，开而弗达"，进一步阐发了启发式教学的思想，主张启发学生，引导学生，但不硬牵着他们走；严格要求学生，但不施加压力；指明学习的路径，但不代替他们做出结论。

第一节 启发式教学的原则

启发式教学，作为一种教学指导思想和总的教学方法，已为广大教学工作者所熟悉。但启发式教学并不是立竿见影，一用就能产生很大的效果。由于许多教师没有真正领会启发式教学的实质，或者对启发式教学方法与技巧运用不当或运用不纯熟，在教学过程中会经常出现"启而不发"的现象。造成这种现象的原因，一是可能学生本身的学习积极性不高，不能主动地参与教学过程，对教师的启发引导反应迟缓。二是可能教师的问题缺乏启发性，所提的问题太抽象，太庞大，或者跳跃太大，缺乏循序渐进，致使学生的思维跟不上。为此，在教学过程中运用启发式教学时，应考虑遵循以下原则。

一、关键性原则

课堂上进行启发式教学，教师要启在关键上，启在要害上。这就要教师分清主次，学会抓主要矛盾。一堂课是由几个环节组成的，而每一个环节也必然有一个主要矛盾，教师在抓住一堂课的主要矛盾的同时，还要善于抓住课堂教学中每个环节的主要矛盾，找出各个环节不同的关键和要害，一个个"启"、一层层"发"，环环紧扣，发散思维和收敛思维形式相结合，列举法、设问法、类比法、组合法、信息交合法等思维方法相配合，这样才会使启发式教学的方法与技巧发挥应有的作用。

二、及时性原则

进行启发式教学，要像知时节的春雨，当需要时即发生，也就是说启发要及时。而要做到启发及时，就要注意创设"愤""悱"的情境。通过必要的设疑、铺垫及一系列的启发、诱导，把学生引入"心求通而未通，口欲言而未能"的境界。这时候，学生注意力高度集中，思维高度紧张而活跃。此时，教师如能抓住本质，在要害处稍加点拨，启发的效果就会很明显。要尽量避免超前启发和滞后启发。

三、实效性原则

设计启发式教学时，要充分了解教学对象的年龄特征、身心发展规律、已有知识水平、接受能力以及性格爱好等，做到讲求实际、讲求实效、启而有发、问而有答、因人而异、因材施教。在这里要注意两点：一是要利用正迁移规律。即作为启发的知识材料应选用大多数学生所掌握的，感知过的，同时又能在记忆中得到再现的，在此基础上进行有针对性的启发，一定会启而有发，问而有答。二是鉴于每个学生的知识基础，理解能力，接受能力以及性格、爱好不同，对不同学生，要注意运用不同的问题和方法，做到有的放矢，因人而异，不能用一个模式对待所有的学生。

四、双向性原则

双向性原则是指在教学中发扬民主，创造良好的信息交流的课堂氛围，做到在愉快、和谐的情境中进行多种形式的启发。我们都知道，在英语教学过程中，教师是主导，学生为主体。但教师的"导"是为了引导学生正确的思维，而不是代替学生走路。教师要充分唤起学生主体意识的觉醒，使他们知道自己是学习的主人。要讲求教学民主，讲求双向交流，真正做到启而有发，问而有答，使启发式教学发挥它应有的功能。否则，师生心理相悖，课堂气氛压抑，必然会影响学生的情绪，不利于启发式教学的进行。要做到这一点光靠教师在课堂上的努力还不够，还要靠教师平时与学生建立起来的和谐的师生关系。

五、引导性原则

启发的目的在于启动学生的思维，为此应引导学生动脑，使他们通过思维来主动地理解知识，接受知识。为此我们应朝以下三个方面去引导：

第一，要运用新颖充实的教学内容、生动形象的教学方法、丰富多彩的教学手段，激发学生的学习兴趣，从而引导学生产生强烈的求知欲望，这样就可以起到事半功倍的效果。

第二，要在传授知识的同时引导学生学会学习，即教会学生掌握学习的方法，让学生自己去探索知识。常言说："授人以鱼，不如授人以渔，授人以鱼，只供一饭之需，授人以渔，则可终身受用无穷。"由此可见教会学生学习，授之以法的重要性。

第三，要引导学生发展自己的能力，这是启发式教学的目的之一。在进行启发式教学时，要注意采用各种有效的方式、方法，调动学生的眼、耳、手、脑等各种器官参与学习活动以引导他们培养自己的注意、观察、记忆、想象、思维等多种能力，从而把传授知识与发展能力有机地结合起来，使二者相辅相成，相得益彰。

在课堂教学中运用启发式，除了遵循上述基本原则外，我们首先应该更新我们的观念。在运用启发式教学时也要讲究方法与技巧，不能误把"满堂问"当作启发式教学方法与技巧的法宝。提问启发，仅仅是启发教学方法与技巧的一种形式和方法，而不是它的全部。"满堂问"看起来很"热闹"，其实如果不注意设问的对象、质量、层次，不注意启发的目的，自始至终都是一个样子，一个架式，学生没有进入被启发的角色，这样的问，问得再多，效果也不会大甚至是浪费时间。我们必须认识到启发式教学的方法是多种多样的，有时，教师不置一言，没有提出什么问题，但是一个眼神、一个手势，或仅仅做出某种暗示，都会诱发学生的思维和联想，同样具有启发性，收到"此时无声胜有声"的效果。

第二节　启发式教学方法的运用艺术

启发式教学是符合学生认识规律的，也是素质教育积极提倡的，它要求摆正师生在教学中的地位：教师的主导作用，学生的主体地位。学生认识活动是一个在教师指导下的由不知到知，由知之不多到知之较多的转化过程，没有教师的主导作用，学生的认识就不可能顺利地向前发展。但是学生毕竟是学习的主体，掌握知识，发展能力，归根到底要靠他们自己，教师不可能包办代替。如果学生不做认真的思考，不下一番分析比较、综合概括的功夫，他们是不可能自觉地掌握知识的。所以，教师必须运用各种方法启发引导学生，调动学生的学习积极性、自觉性，促使他们自主地掌握和运用知识。

有些教师把学生比喻成"演员"，把教师比喻成"导演"，可谓精当，这体现了以教师为主导，以学生为主体的当今教育改革思想。"演员"表演的成功与否往往取决于"导演"水平的高低，因此，教师要提高"导演"的水平。

一、破题教学法

这种方法是在课文标题上作文章，以错写、漏写课文标题引起学生思维活跃的教学法。如在教学《白杨礼赞》板书课题时，故意漏写"礼"字，此时学生议论纷纷，思维异常活跃。学生指出后，教师便顺势而上，"赞"是什么意思？"礼赞"又是什么意思？它们之间有何不同？通过学生讨论分析比较，搞清了。教师归纳明确："赞"是赞美、赞扬，比较一般。而"礼赞"则是尊敬、赞美的意思，要比"赞"含义深广。接下来教师问："作者为什么对白杨树那么尊敬、那么赞美？"这个问题便直接触到了这篇课文的学习重点。运用"破题教学法"自然巧妙地引出了课文的学习重点，同时能牵稳学生的思维，凝聚学生的注意力，比直接干巴巴地解释"礼赞"效果要强得多。

二、情境教学法

即未学课文之前先创设一种与课文内容相符合的情境，然后再让学生阅读课文，理解课文内容的教学方法。这种方法用得好，可使课文重点和难点不攻自破。如在教学《驿路梨花》时，先不涉及课文的内容，而是先让学生讲讲雷锋同志助人为乐的故事。同学们你讲一个，我讲一个，先后讲了五个故事，然后教师向同学们提问："雷锋精神的具体表现是什么？"同学们异口同声地说："助人为乐。"随后老师才布置道："今天我们学习课文《驿路梨花》，同学们阅读课文，注意以下几个问题——课文写了几个人物？这几个人物的共同特征是什么？到底谁是小茅屋的主人？"同学们阅读一遍后，便都能解决提出的问题。这篇课文学完后，教师找来不同层次的学生进行座谈，学生都说听了雷锋同志的故事后再读课文，我们的脑子里充满了雷锋同志助人为乐精神，读课文的开头时，没有什么感受，当瑶族老人出现后，我们觉得有一种感受，他并非瑶族老人，后面出现的梨花妹，也不是梨花妹，梨花也不是梨花，解放军也不是解放军，就连"我"和老余也不是"我"和"老余"了，他们是一个个的活雷锋，他们的共同特点是具有助人为乐的精神。小茅屋的建造者和照料者都是小茅屋的主人。

三、逐步归纳法

顾名思义，就是一步一步地精练归纳，使文章的重点突出，难点突破。此种方法最适合篇幅较长的文章。归纳精练后往往只一个词语或几个词语，便于学生记忆。如教学《鲁提辖拳打镇关西》便可使用此法。教师先布置了任务，学生在预习的基础上再速读一遍课文，写出故事梗概，然后根据故事情节划分层次，归纳人物性格。故事情节可分四层：（1）在潘家酒楼上（问金）；（2）在鲁家客店里（救金）；（3）在郑屠肉铺前（三拳打死镇关西）；（4）为避灾祸弃官逃走。最后，这四层再让学生把每层精练为一个字，通过启发和诱导可得出"问""救""打""走"四个字，鲁提辖的性格也可归纳为"义""粗""细"三个字，这么简洁，极易于学生记忆。每篇课文教师都要注意精练，像《在烈日和暴雨下》可以归纳为"水深火热"；《背影》可以归纳为"父子情深"；《陈涉世家》可以归纳为"有志者事竟成"；《变色龙》可以归纳为"狗仗人势"；《散步》可以归纳为"尊老爱幼"；《金黄的大斗笠》可以归纳为"姐弟情"；《驿路梨花》可以归纳为"助人为乐的雷锋精神"等。

四、明暗切合法

这里的"明暗"指的是文章的两条线索。这种方法就是理出两条线索，找出相似点和交会处。这种方法适合明暗两条线索结构的文章。如贾平凹的《我的小桃树》，这是一篇自读课文，要求一个课时完成，因课文篇幅比较长，教师事先布置了预习任务，上课后让学生速读一遍，找出描写小桃树生长过程、生长环境、不幸遭遇的句子，再找出"我"生活坎坷不如意的句子，分别板书，然后让学生看板书，想一句巧妙的话语把"我"和小桃树这种相似的生存境况交会起来——何其相似乃尔（多么相似啊，竟到了这种地步！）

五、跟踪教学法

所谓跟踪，即跟随作者的行踪。跟踪教学法就是以跟随作者的行踪为教学顺序的教学法，这种方法较适合游记、参观访问记、介绍建筑物等类型的文章。如教学《故宫博物院》，我们可以跟随作者的行踪——天安门→端门→午门→金水桥→太和殿→中和殿→保和殿→乾清门→乾清宫→交泰殿→坤宁宫→东西六宫→养心殿→长春储秀宫→御花园→顺贞门→神武门→景山看故宫这样的顺序，条理清楚，节奏鲜明，能充分突现教学重点——空间顺序。

六、"读议点练"法

这种方法比较适合文言文的教学。文言文的教学，尤其对突破文言字词障碍是行之有效的好方法，它能锻炼学生对文言文字词的理解和组织语言的能力，从而提高学生阅读浅显文言文的水平。

首先是"读"，一般说来先是教师范读让学生体会生字的读音，句子的停顿，给学生起到示范作用。然后学生朗读，从语感中去体味课文大意。随之是"练"，在反复朗读的基础上根据个人对课文内容的理解，联系上下文，参照课本注释书面翻译。下一步开始"点"，"点"指的是教师点拨课文的难点（如古今词义的差别，词序，古汉语语法之类），但是语法术语最好不要出现。最后让学生翻译内容口头表达，学生随译，教师随之订正，不要搞什么字字落实。

七、自读指导法

此种方法侧重自读，教师指导，相互配合，完成教学任务，比较适合自读课文的教学，自读课文要体现自读的特点，把侧重点放在学生的自读上，教师只起指导作用。具体做法（以《驳实惠论》为例）如下：首先布置自读第一遍，要求总体感知课文内容，解决字词问题；找出本文反驳的错误论点（学雷锋，不实惠）；错误论点的实质是什么（利己主义）。然后自读第二遍，看作者是如何反驳的（直接剖析错误论点，指出其危害性）。学生讨论，教师引导参与并纠正错误。最后让学生朗读课文，加深对课文内容的理解。

八、明理教学法

所谓"明理"，是指在进行某一学科，或某一堂课的教学时，首先让学生明确学习这一学科、这一节课的重要作用、意义、任务和要求，必要时还要明确所讲内容当前的发展状况，应该攻取的重点或努力方向，以此激发学生强烈的求知欲望，诱发他们树立攀登科学高峰的理想。如教语文时，可以说明语文课是人们在社会生活中所不可或缺的工具，是学习数学、物理、化学等基础学科的基础。一个人只有学好语文，才能比较容易地学好其他学科。

九、激情教学法

课堂教学不仅是师生之间知识信息的传递，更有师生之间情感的交流。现代心理学的研究表明，那种明朗的、乐观的心情，是思想海河中充满生机的激流；而郁郁寡欢、万马齐喑的苦闷心情，则是抑制人的思维的枷锁。因而，教师在课堂教学过程中要注意对学生"动之以情"，并通过激情为"晓之以理"奠定良好的基础。课堂上激情启发的方法很多，概括起来主要有：

1. 通过放录像、录音，或生动讲述，把学生带入一个特定的情境，使之受到感染与陶冶。

2. 用有趣的或饱含激情的语言激起学生的感情涟漪，引起他们对"理"的探索。如讲万有引力定律，可讲述牛顿观察苹果从树上掉下的生动故事，把学生带入探求真理的境地。

3. 找一件能引起学生丰富想象的物品，使学生睹物生情，如英语课教《我的一家》时，让学生拿出各自家庭的合影，然后用英语介绍，借以激发学生的家庭观念，培养热爱父母的感恩情怀。

4. 以情动情，用教师的情来打动、感染学生。现代心理学研究表明，教师的自信、兴奋、惊奇、赞叹，对学生大脑两半球神经细胞的伸缩、激动起很大的作用。因而教师在课堂上要饱含感情，并通过自己健康向上的情感去感染学生，使他们从中受到鼓舞和鞭策，调动起思维的积极性，体验到成功的欢乐。

十、设疑教学法

"疑"是探求知识的起点，也是激发学生的支点。会不会"设疑"是一个教师教学艺术的表现。南宋理学家朱熹说过："读书无疑者，须教有疑，有疑者，却要无疑，到这里方是长进。"陆九渊也说："小疑则小进，大疑则大进。"一个教师在课堂教学过程中，要注意从"疑"入手，巧设悬念，启发学生思维。也就是说，要善于引导学生生疑、质疑、解疑。应当指出的是，设疑不同于一般的课堂提问，它不是让学生马上回答，而是设法造成思维上的悬念，使学生处于暂时的困惑状态，进而激发解疑的动因和兴趣。

如一位教师讲《阿基米德定律》，讲授前教师问学生："木板放在水里为什么会浮在水面上？铁板放在水里为什么会沉下去？"学生回答："因为铁重。"教师接着又问："用铁板做成的巨轮很重吧，为什么能浮在水面上？"学生一时语塞，却形成了一个"悬念"，学生大脑皮层优势兴奋中心迅速形成，激起了学生了解问题和解决问题的兴趣与需要，这样的课堂教学效果可想而知。

十一、研讨教学法

教师将启发贯穿于讲练之中，通过循循善诱，步步启发，带领学生分析问题，解决问题。如一位教师在讲解一道数学应用题："一辆公共汽车有乘客42人，在第一站下去12人，又上来8人，这时车上有乘客多少人？"课前设计了如下的启发研讨题：要求车上有多少人，首先应知道什么？这与题中哪两个条件有联系？有什么联系？可求出什么……教师通过诱导下的研讨，一步步地求出问题的答案。这种"大问题，小步子"的研讨启发形式最适合低年级教学使用。

十二、暗示教学法

课堂教学时，当学生思维出现"短路"时，教师可通过语言、手势、表情等种种方法，给学生以暗示，或接通学生的思路，让他们顺利地解决某一问题；或提醒学生思维中出现某些偏差，让他们迅速回到正确的思路上来。如一位教师让学生做一道有关三角形的证明题时，由于一条辅助线找不出来，证明陷入僵局。这时教师及时暗示，使学生产生顿悟，很快设计出一条辅助线，使证明得以顺利完成。

十三、类比教学法

利用某类事物在某些特征上的相似之处，启发学生从甲物联想到乙物，并学会运用甲物的分析方法来分析乙物。例如，对《鱼和潜水艇》一文，讲解时，可首先引导学生对鱼和潜水艇进行比较，找出共同之处，分析其共同特征，进而通过分析鱼来分析潜水艇。通过类比启发、联想，学生很快得出问题的答案。

第三节 运用启发式教学艺术需注意的几个问题

启发式教学是教师以学生为学习的主体，并从学生的实际出发，依据学习的客观规律和学生身心发展规律，灵活运用各种具体教学方法，充分调动学生学习的积极性、主动性和创造性，引导学生通过自己的独立思考，融会贯通地掌握知识，发展智能，提高其分析问题和解决问题的能力。启发式教学的这种性质、特点和功能，决定了它是指导教学工作、完成教学任务的根本方法和一般方法。

其一，启发式体现了教学活动中教师为主导、学生为主体，教学双边活动相互促进，教学与发展等基本教学规律。

其二，启发式是教学的根本指导思想。"教学有法，而无定法"，教学中的具体方法颇多，但不论采用什么方法，都必须贯彻启发式教学的根本指导思想。教学方法是为完成教学任务服务的，教学任务所要实现的是学生思想、知识、能力等方面的转化和素质的提高，而如果没有学生自身的主观能动性，教学任务是不可能完成的，启发式要求教师在教学活动中以学生为学习的主体，运用各种教学手段、方法，充分调动其积极性、主动性，正是在这个意义上，启发式是运用各种具体教学方法的根本指导思想。

其三，启发式是教学活动的普遍调节手段。首先，启发式适用于各学科的教学活动，克服了其他具体、个别教学方法在特定的适用范围、使用条件和特殊功能的局限，体现出它适用于各学科、各类型教学活动的普遍调适作用效能。其次，启发式是贯穿于教学过程始终的调节手段。在教学活动中，教师传授的知识与技能，施加的思想影响，对学生来说毕竟是外因，它们只有通过学生个人的观察、思考、领悟、练习和自觉运用、自我修养，才能将"外在之物"转化为"为我之物"，内化为自己的东西。学生的学习积极性、主动性发挥得如何，直接影响甚至决定学生的学习效果以及学生身心发展水平的高低，这就要求教师在教学的每一个环节、每一个阶段上，都必须充分调动学生的学习积极性、主动性和创造性，自始至终激发学生的学习兴趣和求知欲望，启发和引导学生积极思考、善于钻研和主动实践。只有这样，才能达到教学目的，完成教学任务。

一、学生观的真正改变

新的学生观是启发式教学的基础，也是该理论中最为革新、最为活跃的要素之一。一些传统教育的陈腐观念也作为积淀仍凝固在某些教师、家长和学生的头脑之中。比如，传统观念认为学生的学习能力是天生的、高度稳定的个性特征。学生的智力呈正态分布，会自然造成学生学习成绩的正态分布，智商高的学生可以解决复杂的、创造性的问题，智商中等的学生只能理解一般概念和原理，而智商低下的学生，无论教师怎样启发、引导都将是徒劳的。因此，受这种传统观念的驱使，在启发式教学运用中，尤其是在遇到较为复杂心理过程的问题时，教师仅仅只把希望寄托在"优等生"和部分"中等生"身上，使得另一部分"中等生"和"差生"受到冷落，得不到应有的启发、鼓励和帮助，他们自然也不会对自己产生信心，这就难免造成启而难发、启而不发的现象。因此，传统的学生观念带来的恶果是显然的：压抑了很大一部分学生学习、进取的动机和潜力，导致他们情感的自卑和自我概念的毁坏。

二、启发式的核心问题

启发式的核心在于启迪学生思维，帮助学生学会思考，点拨思路，引导方法，而不是简单形式上的一问一答。有些教师片面认为启发式教学就是体现在课堂气氛的活跃、教师设问、学生回答，因此，启发式就被当作一味追求课堂气氛活跃的一问一答模式。在实际教学过程中，教师往往提出一些本来就不具备多大启发意义的简单问题或解答，让学生回答"是"还是"不是"，而学生根本没有深入思考和钻研。这是对启发式教学的歪曲理解，也是教学实践中最为严重的误区。

其实，把问题作为教学的出发点，适时设问并指导答疑解难，是启发式教学的重要体现，因为问题往往是启动学生思维、调动其积极性的开端。但是，所提出的问题必须是关键性的、学生经过努力能完成的、富有挑战性、能激起学生已有认知结构与当前研究课题的认知冲突，这样学生将会以高度的注意与浓厚的兴趣，投入教学活动中来，并以跃跃欲试的态度试图去解决所提出的问题。这样学生的积极性就能充分调动起来，这就为后来展开思维活动奠定了良好的基础，这时，教师可引导学生围绕着问题解决开展一系列探索活动，指导学生开展尝试活动，并适时诱导、启发思路、点拨思考方法，从而获取知识技能，最终取得问题的解决。

三、启发式的形式问题

启发式教学运用中还有一个误区就是形式单调，即采用单一的设问模式，不少人认为，课堂教学中，提出问题的多少及学生回答问题的多少，是衡量教学启发式运用效果的标准。这就势必造成课堂问题过多、过滥、学生简单应付或对问题产生严重的"消化不良"现象，这也是对启发式教学的曲解。

四、启发式重过程而不是结果

启发式教学体现在对知识的学习和探索过程之中，是在思维活动过程中的启发，而不仅仅是思维结果的启发，思维过程和思维结果的教学决不可偏废，确保完善的思维过程，思维结果才能"丰满"和"健美"起来，并能充满活力和生机；反之，缺乏思维过程，思维结果就变成"早产的畸形儿"。显然，掩盖或忽视思维过程的教学，必然导致教学的僵化。目前，"重结果，轻过程"的误区主要表现在：

1."讲风太盛"。用教师整课堂的"讲"替代学生的"学"，实质上就是以教师的思维活动占有学生的思维过程，把思维活动量降到了最低限度，学生失去了"发"的机会。

2."启发式变成表演式"。教师成为能运用各种手段和方法的高明的"杂技"演员，尤其是教师表演式的一试就灵、一列就对、一验就准，把启发过程变成神秘的"魔术"，学生知道现成结论而看不到来龙去脉，被动地让教师牵着走。

3.启发式教学中的反馈调节问题。启发式教学通过强化教学中的反馈调节性教学系列，来实现教学过程的整体优化。这种反馈调节是指教师在运用启发式传播知识和技能的过程中不断地从学生中取得反馈信息，从而掌握教学的情况，相应地调节自己的教学，又给学生以信息反馈，使学习取得更好的效果。因此，任何启发式教学的效果，都必须依据某种信息反馈去核实，看它是否已经达到或正在达到预定的教学目标。当前，启发式教学运用中的另一误区便是忽视教学信息的反馈调节或不能正确回授反馈信息及时地控制和调节教学过程，因此，这往往导致优生"吃不饱"，差生"吃不了"的状况，使全班学生很难都能达到最大的发展。建立起反馈观念并及时回授调节，这对教师提出了更高的要求，教师乐于接受、善于接受并利用反馈信息，以提高教学信息系统的可靠性和有效性，并使教学信息不受环境干扰，畅通无阻，教师还要有敏锐理解学生个性特征和心理活动状态所必要的观察力、洞察力，会根据学生的外在表现和反映状况来推断他们的内心世界，善于发现并及时捕捉学生中的反馈信息。总之，启发式教学过程中，要具有反馈及时、调节恰当的观念，切不可无视学生的反映状况仅凭自己的主观臆测，应使教学自始至终都朝预定的合理目标方向运行，以实现教学的最优化控制。

第六章　课堂教学的提问艺术

提问是课堂教学的常用方法，教师讲课离不开提问。人们常说，课堂教学是一门艺术。这是因为它不仅要给学生以智慧的启迪，同时还应给学生以美的享受。学生在美的熏陶中获取知识，增长才干，这就是教学艺术的魅力。作为课堂教学方法之一的提问，应该是也必须是讲究艺术的。

教学过程是师生双向的思维交流过程，教师教得怎样，学生学得如何，需要通过一定方式了解。课堂提问即是方式之一。课堂提问不仅作为教学方法，还被作为了解学生学习活动、掌握知识情况的反馈手段。提问过程即信息反馈过程。充分利用提问反馈，捕捉信息，及时对教学过程进行有效调控，就能提高课堂教学的效益。不利用提问反馈，收不到信息，或提问不当，信息反馈受阻，则将影响教学效益。因此，要取得好的、受到学生欢迎的教学效果，也不得不讲究提问艺术。

提问作为一种教学艺术，应该怎样体现在课堂教学过程中呢？

第一节　课堂提问的五条原则

一、目的性原则

目的性是指课堂提问要有明确的目的。提问是为教学要求服务的。为提问而提问是盲目的提问，盲目的提问无助于教学，只能分散精力，偏离轨道，浪费时间。备课时就要描述出提问的明确目标：为引出新课？为前后联系？为突出重点？为突破难点？为引起学生兴趣？为引起学生争论？为促使学生思维？为总结归纳？等等。要尽可能剔除可有可无、目标模糊的提问，保留目标明确、有实际意义的提问。明确提问的目的性，就能使提问恰到好处，为教学穿针引线，产生直接的效果。

二、启发性原则

启发性是指提问能触动学生的思维神经，给学生点拨正确的思维方法及方向。启发性不仅表现在问题的设置上，还表现在对学生的引导上，要适合学生的心理特征和思维特点。教学实践证明，提问后出现冷场，不是学生启而不发，而是问题缺少启发性所致。提问有启发性，是启发式教学原则在提问艺术上的体现。

三、逻辑性原则

逻辑性是指提问和教材间具有的内在逻辑联系。提问要按照教材知识结构的内在顺序和学生认知活动的顺序进行。设置问题，环环相扣；解决问题，层层剥笋；由浅入深，由易到难；循序渐进，逐步提高。提问时不注意逻辑顺序，深一脚，浅一脚，重一脚，轻一脚，会造成学生思路混乱，影响学生逻辑思维能力的培养。提问讲逻辑性，是认知规律及教学的系统性原则在提问艺术上的体现。

四、针对性原则

一方面，要针对教材实际。提问要紧扣教材，把握住重难点，有的放矢。教材的重难点，是教学的主导方面。在重难点上发问，在关键段落、关键字句上发问，在突出教材结构的关节点上发问，就抓住了主要矛盾。另一方面，要针对学生实际。对不同基础的学生、不同性格的学生、男生和女生，都应有所区别，因人而异。对优生，提问内容要难些，要求应高一些，使其自感不足，有一定压力；对基础较差学生，提问内容要相对容易些，还要在适当时给以引导和补充，使其增强信心；对性格内向而又胆怯的学生，不仅要考虑提问场合，还要注意提问方式；对女学生，更要在生理、心理和个性上与男学生加以区别。提问有针对性，是统一要求与因材施教结合的教学原则在提问艺术上的体现。

五、适度性原则

适度性即所提问题难易适中，不贪大求全。要防止浅—缺乏引力，索然无味；偏——抓不住重点，纠缠枝节；深——高不可攀，"听"而生畏；空——内容空泛，无从下手。提问适度，就是要掌握好难易间的"度"。太易，脱口而答，无法引起思考，对培养学生思维能力不利。太难，难以下手，造成心理压力，效果适得其反。提问适度，是量力性教学原则在提问艺术上的体现。

六、科学性原则

提问前，教师既要熟悉教材，又要熟悉学生。要掌握准提问的难易程度，既不能让学生答不出来，也不能简单地答"对"或"不对"，要使学生"跳一跳，摸得着"。难度过大的问题要注意设计铺垫性提问。

七、趣味性原则

课堂提问要注意内容的新颖别致，使学生听后产生浓厚的兴趣，继而积极思考。一些学生熟知的内容，要注意变换角度，使学生有新鲜感。

八、鼓励性原则

学生答完问题后，教师要给予充分肯定。对于回答不够完善的学生，教师要在充分肯定的同时指出不足，提出期望。切不可对答错的同学白眼相待，讽刺挖苦，也不能无原则地赞美。教师应给每个学生以成功的体验，又指明继续努力的方向。

九、广泛性原则

教师的课堂提问应面向全体学生，要根据教学目标、要求与问题的难易程度，有目的地选择提问对象。这样可以吸引所有学生都积极参加教学活动，促使每一个学生都用心回答问题。现在不少教师往往爱提问少数"尖子"学生，而对那些学习较差的学生，总是怕他们答不出、答不准而耽误教学进程。这就使大部分学生在教师的提问环节不积极参与，游离于课堂教学之外。因此，教师在提问时一定要采取"八面骚扰法"，注意到提问的面，即使在提问个别学生，也要注意让其他同学认真听。如有经验的教师常这样说："现在请某某同学来回答，其他同学注意听他回答得对不对，然后说说自己的看法。"这就照顾到了大多数学生，使回答问题的、其他的学生都能积极动脑。

第二节　在提问对象上的四条禁忌

一、忌偏爱

不少教师只喜欢向成绩好的学生提问，不愿意向成绩中、差的学生提问——既担心答不出影响教学进度，又害怕他们不愿意答问。根据调查，各种基础的学生都有答问的愿望，特别是基础差的学生，认为提问是教师信任的表现，对教师提问时忽视他们的存在很有意见，他们强烈要求一视同仁。偏爱使提问艺术失去魅力。

二、忌惩罚

个别教师特别是个别班主任，将提问作为惩罚手段，专门收拾心目中的"差生"，答不上问题，就罚站，罚作业，罚劳动，甚至惩罚株连全班。惩罚忽视了非智力因素中的情感领域，破坏了和谐的教学气氛，造成了师生对立，使提问艺术变形变味。

三、忌讥讽

提问时，亲切的语言、热情的态度、轻松的气氛将消除学生的紧张和压抑感。对成绩差的学生，适宜以鼓励的语气提问，用赞许或肯定的口吻评价。学生一时答不出，绝对不要用"这么简单都答不上，真笨"之类的话伤害学生的自尊心，而应以"不着急，再想想""暂时答不出，没关系，坐下再想想"等亲切话语去抚慰学生心灵。

四、忌齐答

齐答，看来学生适应，但不是积极的适应，不能促使学生独立思维，反使学生养成不假思索脱口而出的坏习惯。齐答造成假象，反馈信息失真，影响教师的判断和矫正。课堂教学一般不宜采用齐答式提问，对小学高年级学生和中学生尤其如此。

第三节 在提问时间掌握上的三点注意

一、注意层次

提问是有时间层次的，一般来说，大概有开讲时提问引入新课，将旧知识和新知识联系起来；过渡或转折时提问，将教材结构和知识系统联系起来；小结归纳时提问，将理解和记忆结合起来；在关键处提问，将兴趣和知识重点结合起来；总结规律时提问，将求同思维和求异思维的培养结合起来。在具体讲授过程中，不宜频繁提问，不宜边讲边问，边问边讲，一问到底。

二、注意停顿

教师提问后，要留出时间让学生充分思考。提问时立即要学生回答，学生来不及思考，既达不到提问的目的，又容易形成畏惧心理。提问后时间上有停顿，能够促使学生积极思维。

三、注意整体

提问只有同其它教法有机配合，才能显示整体功能。哪些地方需要提问，提问什么，怎样提问，选择哪类学生答问，什么时间提问等，都应同其他教法结合起来通盘考虑，事先设计好。不要想问便问，随便提问。提问的随意性破坏了整体性，影响提问的效果。

第四节 在提问过程中要争取实现两个转化

一、提问点名回答到提问举手回答

"点名"变"举手"，其意义在于发生了"被动"到"主动"的质的飞跃。要实现这个飞跃是不易的，年级越高难度越大。一旦实现，生动活泼的课堂气氛和积极主动的学风就将形成。要实现它，教师除了实践前面所述的提问艺术的各点并受到学生的信赖外，还必须对学生答问做大量的、坚持不懈的组织引导工作。

二、提问后个别思考回答到提问后讨论回答

讨论，更容易调动学生积极思维，使其认识过程逐步深化。讨论必有争论。争论中掌握的知识更容易记牢，经久不忘。教师提问要学会"煽风点火"，争论中要善于"火上加油"，鼓励学生大胆设想，质疑问难，不人云亦云，学会独立地获取知识和运用知识。实现这个转化，把教师的主导作用和学生的主体作用结合起来，将充分发挥学生主体的主动性。

第五节　在提问过程中的十种基本方法

一、直问法

这是为引起学生的某种思考而进行直接提问的方法。如就某一问题而做的明确的发问："中国梦的基本含义是什么？""你认为这道题该怎么解？"等。

二、曲问法

欲问甲，先从乙开始，采取"曲径通幽"的办法达到解决问题的目的。如钱梦龙老师讲解《愚公移山》中"年且九十"的"且"字，不直接问"且"字的意思是什么，而是问"老愚公多大了？"学生回答："快九十了。"钱老师又问："从哪里看出来的？"这样逐步绕到"且"字上，学生接受起来容易，记忆牢固。

三、泛问法

不确定对象的问，目的是让全体同学都进行思考。这种提问在课堂教学中效果比较好。如大家对这个问题如何理解？请先考虑一下，然后举手回答，等等。

四、特问法

这是一种指明回答对象的问。有时先提问，接着点名回答；有时先点名，再发问。特问是课堂教学调控的一个重要手段，为了充分发挥某些学生的作用，或发现某些学生注意力不集中而进行调控时，可

采取特问的方式。

五、追问法

当学生回答犹豫不决、感到没有把握时，可采取追问的形式，如"你回答得准确吗？理由是什么？还有没有什么补充或订正吗"等。

六、设问法

教师的本义是由自己来说清某个问题，但为引起学生的注意，故意使用提问的形式，这种方式叫设问。如"三角形的面积公式是什么呢"——三角形的面积公式是"底×高÷2"。设问的作用在于唤醒学生的注意，而不是让学生回答。但设问不可使用过多，否则教师再提出问题，学生就不注意动脑了。

七、激问法

为鼓励学生积极思维而进行的激励性发问。如这道应用题，某某同学说了一种解法，谁还能再说出一种解法？有时为了激将，也可用激问法。如学生回答问题本来回答对了，教师却有意说，这样回答对吗？你们怎么看？还有别的答法吗？这也是一种激问。

八、疏问法

当学生回答问题一时答不上来，或回答问题出现偏差时，教师可随机进行一些启发性、疏导性的提问。如有的学生求环形的面积时"卡"壳，教师马上疏导他，"你想一想，圆形面积怎么求？"这样一"搭桥"，学生就可顺利地答出环形面积的求法。

九、疑问法

在问题的疑难之处进行的提问。如这个问题有的同学是这样理解的……他的理解对吗？为什么？

十、反问法

教师首先提问，当学生回答后，教师再就学生回答中的问题进行发问，这种形式叫反问。反问的目的主要是当学生回答出现错误时，抓住错误的症结进行反问，以引起学生自我反省，及时发现错误，找出错因。有时学生回答正确，但为了加深印象，或坚定学生对问题的认识，教师也可以进行反问。

第七章　课堂的板书艺术

　　板书是指教师和学生根据教学的需要，在黑板上用文字、图形、线条、符号等再现和突出教学重要内容的活动。板书设计主要是根据教学内容，抽取其关键词句按一定的逻辑关系和逻辑结构方式组成一个有机联系的板书整体的过程。

　　板书是直观性教学原则在课堂教学中的具体体现，是提高课堂教学效果的一种既有效又经济的手段。一个精心设计的板书应该是符合教学内容的，是简明扼要、关键点突出、拥有良好逻辑系统结构的，是使教学内容条理化、系统化、具体化的板书。

第一节　板书的作用

　　好的板书是文化艺术的熏陶，是教师教学能力的综合体现。板书所呈现出的汉字严谨的结构、美观布局等，渗透着教师的智慧、学识和教艺。板书本身就能使学生受到民族文化艺术的陶冶。笔者认为，教师应注重板书设计，使板书成为课堂教学中的亮点。下面笔者结合十余年的教学经历做一些简单的阐述。

一、构造事物形状，表现文章主题

　　在初中六册的课文中有许多托物言志、借物抒情之作。教师就可以用课文中描述或说明的事物来设计板书。例如，《春酒》一文作者借写家乡的春酒来表现思乡的主题。在教学中我们就可以将板书设计成一只酒杯的形状，杯中装的是"风俗美、人情美"，酒杯的底座刻上"思乡"两字，这不仅从视觉上给学生以形象直观、清新的展现，给予学生以美的享受，也为课文主题的进一步引出铺平了道路。

又如，课文《核舟记》是一篇按空间顺序介绍我国古代微雕艺术的说明文，在教学中就可以把板书设计成一只"小船"，板书的时候按照说明的顺序依次将船的形状描绘出来，学生就很清楚地了解本文的写作思路和写作内容了。

二、描绘动态曲线，反映发展情节

有些课文往往以主人公的思想变化、时间发展变化为主线，深刻揭示文章的主题。用曲线表现故事起伏跌宕的发展过程，可以给学生清晰简明的情节展现，有抛砖引玉的效果。例如，《走一步，再走一步》一文，当"我"被小伙伴们抛在石架上，上不去，下不来，陷于绝望、恐惧，在听了父亲鼓励的话后，觉得一小步，"似乎能办得到"，第一步成功，"顿时有了信心"，第二步成功，"信心大增"。这个经验，使他在今后的人生道路上，能从容面对一切。作者从一件往事，感悟到一个人生哲理，成为一笔精神财富。如何抓住故事情节的高潮，反映作者的思想变化，揭示文章的主旨，曲线板书就很好地解决了这一问题。

三、设计简明图形，体现课文结构

分析文章结构是每篇文章的必要环节，也是帮助学生分析、把握作者的写作思路、意图的重要环节。单凭纯粹的口头表达效果不够理想，学生在理解上存在着听"懂"了搞不清的结果。如在分析课文时能尽可能地调动学生各个感官共同活动，对理解课文就会达到事半功倍的效果。在《口技》一文中，作者用正面描写和侧面描写相结合的方法，描述了一场惟妙惟肖的口技表演，表现一位口技艺人的高超技艺，令人深切感受到口技这一传统民间艺术的魅力，如把此文结构巧妙板书出来，便有拨云见日的效果。

再如，八年级下册《藤野先生》一文篇幅虽长，却脉络分明，材料虽多，却井然有序。这是由于作者除了用和藤野先生的交往作为明线组织材料外，还用了一条暗线贯穿全文，这就是作者思想感情的变化（崇高的爱国主义思想），鉴于此，可以把本文的板书设计如下：

未见藤野 → 结识藤野 → 怀念藤野

（质朴　认真　教诲　深情）

东京　　　仙台　　　离仙台

希望失望 → 学医弃医 → 从文战斗

中间一行的三个地点表明本文是按照时间的推移和地点的转换顺序记叙的。上面一行是本文的叙事明线，下面一行是本文的暗线，这样的板书抓住了文章的两条线索，突出了文章的主要事件，理清了全文结构，揭示了中心思想，使学生一目了然。

四、借助意境之物，明晰文章内涵

在众多充满赞美之情的文章里，作者用许多优美的语句，歌颂了不朽的历史、可敬的英雄、智慧的人民，这些意境的表现一方面靠学生的理解；另一方面还要靠教师的引导。教师如结合文章内涵，巧妙设想一些表现意境之物，可对学生理解作品内涵，有不言而喻的效果。如九年级上册的《沁园春·雪》一文，这首词写景论史，赞美了祖国的大好河山，歌颂了无产阶级革命英雄，激发人们的爱国热情和民族自豪感，鼓励人们为建立新中国而奋斗。教师就可将板书设计成一艘"航船"，航行在中华民族的历史长河中，游历在祖国的大好河山中，记载着古代帝王的沉浮和人们对他们的评价。

对意境之物的构思，往往需要教师以自己的理解、自己的涵养去分析把握文章内涵及本意，充分发挥教师的想象去构建意境之物。又如，八年级下册《醉翁亭记》一文是一篇文辞优美的山水游记，但读罢又让人觉得不仅仅是在记山记水，而是融入了作者许多的思想感情。好的板书会激发学生的想象力，想象作者与滁州百姓在山水中同游同乐的情景，会更深地了解作者的真意——放情林木，醉意山水，即表现了作者随遇而安、与民同乐的旷达情怀。

五、体现教师思路，启迪学生思维

作为体现教师思路的板书，经过教师的精妙设计、合理应用，往往也能起到启迪学生思维、拓展其思维空间的作用。九年级下册鲁迅的《孔乙己》是一篇主题深刻、发人深省、令人回味无穷的小说。作者以极俭省的笔墨和典型的生活细节，塑造了孔乙己这位被残酷地抛弃于社会底层，生活穷困潦倒，最终被强大的黑暗势力所吞没的读书人形象，孔乙己的性格、丁举人的残暴、周围人的冷漠、科举制度的毒害如同一把把利剑刺中孔乙己的要害。这个悲剧性人物的遭遇不仅是个人的悲剧，更是社会的悲剧。

第二节　板书设计的原则

一、规范性原则

规范性是板书设计的一个基本原则。它要求教师书写板书必须规范，即写规范汉字，不写错别字、繁体字等，字体大小要均匀，字体大小要以后排学生看清为宜。在书写板书时，文字笔画应清晰、板面干净。教师板书的规范，不仅利于学生知识的吸收，更有利于学生良好书写习惯的培养。

二、概括性原则

由于黑板上的空间、教师的授课时间有限，这就要求教师的板书要具有高度的概括性。教师的板书要有概括、总结教材的作用，要能展示教学内容的关键问题、难点问题。板书上每一部分都应有很丰富的信息，学生通过板书的视觉刺激能更好地理解教学要求和教学重点、难点，并对教学内容有一个整体把握。

三、条理性原则

板书设计要有逻辑性、条理性，要揭示教材知识结构的内在逻辑关系，以利于学生记录、理解和掌握。有条理的板书能使学生顺着板书显示的关系"顺藤摸瓜"，知晓上下左右的主要内容，会在学生已有认知结构中产生一个条理清晰、结构层次明晰的知识体系，利于学生把新知识同化到已有知识体系中。

四、针对性原则

教师在设计板书时要针对教材内容、教学目的、学生实际。不同的教学内容有不同的特点，教师设计的板书要符合教学内容的原意，要根据教学内容的特点和逻辑关系来设计板书。教师还要根据不同的教学目的来设计不同的板书，以板书来体现教学目标，借助板书让学生理解重点、难点，掌握本堂课教学的重要内容。不同年龄的学生差异很大，因而在设计板书时要因人而异，从学生实际情况出发进行设计。

五、启发性原则

教师设计的板书应来自教材内容，又应高于教材，即应具有启发性。设计精美的板书不仅具有规范性、科学性，更应具有启发性，使学生从直观的板书内容中悟到一些教材中不曾明确写出的内容，明确学习内容之间的逻辑关系。

六、计划性原则

板书是服从并服务于课堂教学的。因而设计板书，首先要从教学目标出发，有助于完成教学目标；其次要针对学生的心理特点和实际水平，从教学实际需要出发，醒目地突出教学重点、难点，对容易混淆的知识，要用对比或列表的形式进行板书，对易错的地方，板书时要做上记号或用彩笔突出；再次，要容量适度，布局合理。一般来说，板书要遵循简约化的原则，内容不宜过多；布局上，要根据板书内容的多少，黑板的大小来统筹安排，避免随心所欲，杂乱无章，乃至边写边擦。否则，板书就起不到应有的作用，有时还会出现副作用。

七、科学性原则

板书的科学性是指通过板书要达到有助于学生理解和掌握教材的重点、难点的目的。因而，板书层次要清楚，设计要合理；板书的速度要与讲课进度、学生的思想活动完全同步；板书的内容应尽量与学生的思维活动相一致。为此，要从课堂教学的整体出发，将课堂教学的重点与难点，依其讲解的先后，适时地写在黑板上，并注意随着课堂教学内容形成一个完整的知识体系。必要时，可采取主体板书（主板书）与辅助板书（副板书）相结合的形式，讲授的重点内容作为主板书出现，累次叠加，长时间保留；次要内容作为副板书出现，可根据需要，随时擦掉。

八、系统性原则

板书内容要体现课堂教学的脉络，有助于学生把握所教内容的层次，全面理解并系统掌握所学知识。为此，要注意板书内容之间的逻辑关系，哪些先写，哪些后写，哪些是主板书，哪些是副板书，哪些用白色粉笔，哪些用彩色粉笔……整个板书要恰如其分，恰到好处。否则就容易引起学生思维的混乱。

九、直观性原则

板书是写给学生看的，因而板书内容应体现直观性，以有助于学生从外显活动向内隐活动的转化，便于学生从直观感知到建立教学表象，再上升到抽象的知识概念。板书直观一般分为文字直观与图形直观两部分。文字直观是指板书的文字要简练明确，便于学生接受；图形直观是指数理化等学科中的板书要规范正确，真正起到范例作用，如果是其他辅助图形，也应与板书文字有机结合，起到相得益彰的作用。

十、艺术性原则

板书之所以能在课堂教学过程中发挥重要作用，除了它的直接的信息传递作用外，还通过一定的感染性，给学生以启迪、陶冶与教育，特别是小学低年级教学中的板书，更应该如此。因而，在板书时要注意从特点类比入手勾勒其形象美，从形式结构入手显示其意境美，从详略对比入手突出其主体美，从渐进层次入手创造其意境美，从强化入手描绘其色彩美。

第三节 板书的类型设计

一、提纲式

提纲式板书是指按教学内容，用课文中的重点词语，编排出书写的提纲。它的特点是能紧扣教学内容，突出教学重点，直观地给学生呈现出完整的内容体系，启迪学生的思维，便于学生掌握要领，而且还能培养其分析概括的能力。

二、词语式

词语式板书是根据教学内容，提炼精髓，把握重点词语，运用几个有代表性、存在内在联系的关键词，有逻辑地进行排列组合。它能简明概括主要的教学内容，能促进学生对学习内容的理解和记忆，有利于减少学生认知负荷，培养思维能力。

三、表格式

表格式板书一般用于知识性强并可以明显进行分类的内容。教师设计出表格，可以要求学生用自己的语言填写。表格式板书比其他形式的板书更利于学生参与，更有助于调动学生的学习积极性，激发学生的创造性，使其进行高层次的认知加工，更深刻地理解教学内容。

四、图解式

图解式板书是指教师运用图形、线条、箭头、符号等并配合必要的文字来组织教学内容的板书方法。在所有的板书形式中图解式最具直观形象性，这种板书能一目了然地把教学内容呈现在学生面前，很容易引起学生的注意，使其饶有兴致地探求学习内容，理解内容中的逻辑关系和深层含义。此类型板书特别适用于有一定难度的教学内容和低年龄段的学生。

图解式板书有很多形式，如条幅式、辐射式、扇形式、金字塔式、简笔画式等。

五、对比式

教师把教学内容相互对立或对应的部分集中在一起呈现出来的板书形式。这种板书能突出教学内容之间的联系和区别，使之形成鲜明的对照，特别能启迪学生的思维，使其思考为什么会产生如此对立或对应的现象，有利于学生进行探究性的学习。如《司马光》一文写了司马光砸缸救小朋友的故事，就可以用对比式板书把司马光勇敢、聪明的特点突显出来。

六、问题式

问题式板书不同于其他类型的板书，其他类型板书是由词语、语句组成的，而它主要是由具有启发性的问题组成，给学生留有思考的空间。可以说这种板书更能激发学生学习的动机，使他们自主参与学习，探索未知问题。如《群英会蒋干中计》一文，由于文题中只给出了中计者的姓名，而没有给出谁用的计策，因此教师在设计板书时，可以用问题式板书来引导学生带着问题去阅读课文。

七、流程式

将教材提供的时间、地点、人物、情节等以流程图的形式展现出来。这种板书遵循事物发生、发展的顺序，能使学生了解事物发生发展的前因后果，对内容有较全面的理解。

八、总分式

这是整体与局部相结合的一种板书。总体和局部有机结合，有助于学生全面系统地掌握所学知识。如有些数学知识一节的内容很多，设计成总分式板书，可以把一节的内容系统地展现在学生面前。

九、答案式

把课堂教学应掌握的重点或课后习题和答案以板书的形式呈现出来。如小学历史《岳飞抗金》一课的课后习题"岳家军为什么能多次打败金军？"这同时也是本课教材的重点。采用适合的板书就可以把答案重点呈现在学生面前。

十、归纳式

这是将教学内容归纳、概括成简要的式子、字、词、短语等板书形式，如"分数的分类"一节，乍一看分数有真分数、假分数、带分数等，分类很多，但设计一种归纳式板书对相关内容进行归纳总结，就很简单明了。

十一、递加式

这是按教学内容的前后顺序，将知识要点列在适当的位置，随着课堂教学的进行，层层递加，步步完善的板书形式。这种板书能清晰地展现教学的整个过程，便于学生从简到繁、从少到多、从易到难地掌握教学内容。

十二、网络式

根据知识间的纵横关系，将零碎的知识"串联"成"网"，使知识点组成"知识链"，进而形成知识面的一种板书形式。如《田忌赛马》一课，写的是田忌以自己的上、中等马对齐威王的中、下等马，从而智胜齐威王的故事，按故事进程设计成网络式板书，有利于帮助学生理解、记忆课文内容。

第四节　板书设计应注意的问题

一、板书展示的时机

一般板书展示的时机是教师在口头言语讲解到某部分后，立即写出相应的板书，即边讲边写。这种展示板书的方式特别适用于教授新内容。由于教学任务不同，每位教师在使用板书时，具有很大的灵活性。可以先讲再写，可以先写再讲，还可以边写边讲。先讲再写是指教师先用口头言语进行详细的讲解，再对教学内容总结归纳，展示出板书，有一定难度的教学内容适合使用此法。先写再讲是指先完整地展示板书内容，教师再进行口头言语的详细讲解。一般在理科教学中，教师要讲解例题时，基本上采用的是此种展现形式。

二、板书类型的综合运用

教师在一节课的教学中一般需要使用不同类型的板书，这样才能给学生不断变化的丰富刺激，利于学生注意力的集中，激发其思维随着教师的板书变化而不断进行。教师在综合运用各种类型的板书时要注意每种类型板书的特点和要求，针对教学任务和要求设计各种板书进行比较，选择效果理想的、能突出重点、条理清楚的板书。

三、板书的色彩搭配

板书在色彩的使用上要注意协调和醒目。教师在关键的字词上应使用彩色的粉笔书写，以提示学生注意。要避免滥用色彩，使学生眼花缭乱，分不清主次，也要避免只使用一种颜色，使学生觉得单调，难以引起他们对重点内容的注意。

四、板书的布白使用

并不是板书所有的内容都要写实、写满，在板书设计时要注意使用布白，适当地留给学生一些思考的空间，让学生自己去探索空白之处的内容，可以使学生进行深层次的认知加工，加深对知识的理解和掌握，提高课堂教学效果。布白一般设置于教学的重点、难点、关键点、对比点，可以起到引起学生注意、引发学生思考的作用。

第八章 课堂教学的组织艺术

教学活动是有组织、有目的地进行的，它有独特的组织形式、方法和策略。影响课堂教学活动的各种因素可以分为人的因素（教师和学生）、物的因素（教室内、教室外校园内、校园外社区内）、时空因素和人物时空的不同联结方式。课堂教学组织，就是对课堂教学活动的各种因素所进行的安排、组合或者联结。

第一节 课堂教学的组织形式

一、师生规模组织形式

教学组织形式就是教学活动过程中各种因素横向的组织结构和相互作用的方式。一般来说，课堂教学组织形式可分为班级集体教学、分组教学和个别教学三种形态。

班级集体教学是将学生按年龄和程度编成班级，使每一班级有固定的学生和课程，由教师按照固定的教学时间表对全班学生进行上课的教学制度，是世界范围内学校教学的基本组织形式。它有助于提高教学效率，保证学习活动循序渐进，利于系统科学知识的传授，发挥集体教育的作用。但容易限制学生学习的主动性、独立性和创造性，不利于培养学生的实际操作能力，不利于照顾学生的个别差异。

分组教学是按学生的能力或学习成绩分为不同的组进行教学的组织形式。它产生于19世纪末至20世纪初，从分组的依据来看，主要的有能力分组和作业分组。能力分组是依据相同的课程、不同的学习年限进行的，以适应学生的能力。作业分组是按照规定的学习年限，使学生依据不同的能力，学习不同的课程。分组教学的优点在于它能照顾学生学习水平和能力的差异，适应他们不同的情况和要求，有利于人才的培养。但也有人认为，分组教学会给各类学生的心理上造成一定的不良影响，往往使优等生在学习上骄傲自满，差等生自暴自弃。20世纪70年代美国兴起小组合作学习，即将全班学生依其学业水平、能力倾向、个性特征、性别乃至社会家庭背景等方面的差异组成若干个异质学习小组，创设一种只有小组成功，小组成员才能达到个人目标的情境。

个别教学是中国和欧洲古代学校采用的主要教学形式。教师分别对个别学生进行不同内容的讲授，教学效果好，质量高，但是教学效率低，不易普遍推广，后被班级教学所取代。19世纪末至20世纪初，由于班级教学不能充分适应学生的个别差异，于是有些教育家又主张用个别教学代替班级教学，于是提出了多种教学组织形式，如教师指导下学生自学的道尔顿制，将同步的班级教学与个别教学结合起来的巴达维亚法，把大班上课、小班讨论、个人独立研究结合在一起的特朗普制，以及后来教师为学生创设学习情境，由学生根据自己的兴趣在教室或其他场所自由活动或学习的开放教育等，都为我们今天艺术化地创新师生组织形式提供了有益的借鉴。

二、师生空间组织形式

在课堂上，教师讲桌安放的位置，学生课桌的摆放形式，是课堂教学组织形式的外在体现。根据教学内容的要求和学生的特点，学生的座位安排也是体现课堂教学艺术的重要环节。

传统的课堂座位设计是以教师为中心的，教师的活动主要在教室的前面，学生只与教师进行目光接触和交流，也就是所有的学生都面向教师，因此学生的座位是以纵横排列的秧田形安排的。这种设计模式有利于教师的教学活动，如讲解和演示等。教师能较好地调节和控制学生，有利于学生的注意力集中于教师，适合于进行提问、回答和课堂作业，学生能更多地与教师进行接触和交流。

为了适应不同教学内容和师生互动、生生交流的需要，教师可以设计以学生为中心、以课程为中心的特殊座位排列模式。这种座位的安排有利于学生之间的联系，允许学生之间谈话、相互帮助等。但对全班讲解和控制要困难一些，一般在高年级采用得较多。

有时教师还可以根据教学内容临时性的需要将座位进行暂时性调整，以有利于教学活动。如教师要进行演示，希望每个学生都能观察到，于是可以临时采用堆式，学生坐在一起靠近注意中心，后面的学生可以站着看。如果要进行全班性的辩论或看录像等，可以采取椭圆马蹄形。如果要求学生按兴趣进行合作学习，可采取兴趣站的方式安排座位。

第二节　课堂教学的组织结构

课堂组织结构是指课的组成部分以及各组成部分之间的关系、进行的顺序和时间的分配。系统的结构决定着系统的性质和功能，只有当教学处于合理的课堂结构之中，才能为学生的全面发展提供条件。对于同一教学内容，不同的教师在课的纵横结构上有着不同的选择，这主要是取决于教师的教学艺术和创新精神。

从新中国成立以后到20世纪70年代，我国教师基本上采用了苏联凯洛夫的五个环节课堂结构，即组织上课，使学生进入学习情境；检查、复习，为接受新知识做准备；讲授新教材，使学生掌握新知识；巩固新教材，了解学生的掌握情况，解决存在的问题；布置课外作业，培养学生运用知识的能力。课的结构不是一成不变的，它随着教学任务、学科性质、教材内容和学生年龄特点等做相应的变动。

20世纪80年代以来，我国的教学改革实践和教学理论的发展，也促进了课的结构的突破和创新，都体现出着力于发展学生能力的新课型。在此，我们简单介绍几种比较有典型意义的新的课堂教学组织结构。

一、卢仲衡的自学辅导教学法
中国科学院心理学研究所卢仲衡等，从1965年开始，根据我国学校教育实际，吸收了"程序教学"的思想理论，设计了这一研究课题，进行实验。其特点是在教师辅导下以学生为主体进行自学。这一实验进行了20多年，其间由于十年"文革"曾中断两次，从1980年开始扩大到全国25个省市170个班进行实验，取得了较好成绩。实验班学生的学业成绩、自学能力、自学能力的迁移、创造性思维能力都优于平行班。

该模式的结构特点如下：

1. 教学思想：班集体教学和个别化教学相结合。班集体教学有利于教师指导学生学习，有利于学生交流思想相互促进，但学生学习主动性和积极性容易受到压抑，不利于培养自学能力。个别化教学有利于树立学生的主体地位，培养主动精神和学习自觉性，但是相对降低或排斥了教师的作用，忽视了学生的人际关系。实行班集体教学和个别化教学相结合，可以将教与学的矛盾、教师的主导作用与学生自学为主的矛盾统一起来。

2. 教学目标：主要培养学生自学能力。

3. 基本程序：启发 — 自学 — 小结

启发：2～3分钟，启发、提问、进行自学辅导。

自学：30～35分钟。学生阅读教材，自己练习和自己检查作业；教师巡视和辅导、检查。对学习优秀的学生，可以指导他们向深广方面发展。

小结：10～15分钟。教师根据巡视和辅导过程中发现的共同问题，进行提问、纠错、答疑或小结。

4. 教材：自编《中学数学自学辅导教材》。有三个本子：课本、留有做题空白的练习本、测验本。课本后附有练习本的答案。教材编写贯彻了"适当步子，即高而可攀的步子""当时知道结果"等心理学原则。

5. 前提：启发求知欲望和学习动机，教给正确的自学方法。

二、上海育才中学"读读议议练练讲讲"八字教学法

上海育才中学"读读议议练练讲讲"八字教学法的特点是在"有

领导的、茶馆式的"开放性教学组织形式中，运用读、议、练、讲各种教学手段，求得多方面的教学效果。其中，"读读"是基础，即学生阅读课文，了解基本内容，找出问题，培养阅读能力和自学能力。"议议"是关键，即组织学生在读议小组(由前后两张课桌4位学生组成)中展开议论，通过互相启发，理解内容，培养思维能力和表达能力。议题可以是教师为加深学生理解而准备的问题，也可以是学生阅读时提出的问题。"练练"是应用，即学生思考和解答为加深理解、掌握学习内容而设计的练习，通过练达到消化、巩固知识的目的，并培养能力与技能。"讲讲"贯穿于教学过程始终，根据不同的教学阶段和学生实际需要，可以对个别学生讲，也可以对读议小组或对全班讲。通过教师的讲，进行组织、启发、引导、点拨、解惑、总结工作。讲要注意针对性，有重点，画龙点睛。

三、黎世法的异步教学法

黎世法在研究学生的自主教育过程中，发现学生的自主教育过程具有"八个基本"：基本事实、基本理论、基本技术、基本技能、基本作业、基本综合学习实践成果、基本思维方法、基本情感态度和价值观。上述"八个基本"体现了知识的产生和发展过程，表明了学生学习知识和技能的过程，同时也是培养学生的能力、发展学生的智力，形成学生正确的情感态度和价值观的过程。"八个基本"的学生自主教育过程的提出，就将教学活动和教育活动统一起来了，形成了自己的特色——异步教学法。

1979年10月至1981年1月，黎世法开展了有关中学生学习方法的调查研究。分析发现，每个优秀中学生的基本学习过程具有十个有序的前后联系紧密的学习环节：制订计划—课前自学—专心上课—及时复习—独立作业—改正错误—系统小结—课外学习—记忆巩固—学习检查。

六步学习法：主要的学习环节有六个，即课前自学—专心上课—及时复习—独立作业—改正错误—系统小结。根据这六个环节的学习功能，黎世法将学生解决每一个学习问题的过程相应地抽象为六个因素：自学—启发—复习—作业—改错—小结。"六因素"也可称为"六步学习法"。

五步指导过程：1981年2月至1984年12月，经过研究和大规模实验，黎世法进一步发现，教师对学生的学习进行有效指导的过程可以概括为"五步指导过程"，即"提出问题—指示方法—明了学情—研讨学习—强化小结"，简称"五步指导法"。将教师的"五步指导过程"与学生的"六步学习过程"综合起来，可以构成"六阶段有效教学过程"（简称"六段教学方式"），即"提出问题—指示方法—学生学习（六步学习）—明了学情—研讨学习—强化小结"，从而使学生的学与教师的教实现了有效统一。

四、魏书生的六步教学法

魏书生非常重视培养学生的自学能力。他常常引导学生认识培养自学能力的重要性，鼓励学生树立培养自学能力的信心，使培养学生的自学能力不仅是教师的主观愿望，也成为学生的内在要求。

六步教学法的基本操作程序是：定向—自学—讨论—答疑—自测—自结。

定向：确定教学内容的重点、难点，并告诉学生，使之心中有数，方向明确。例如讲《桃花源记》一课，字，生字有哪几个；词，虚词"焉"的用法，"妻子""阡陌交通"古今词义的不同；句，这一课的省略句式比较突出，列为重点；译，哪一段做重点译。此外还要理解作者在这篇文章里所表达的政治思想以及这种思想的局限性。

自学：学生根据学习的重点和难点自学教材，独立思考，自己做答案。不懂的地方，留待下一步解决。

讨论：学生前后左右每四人为一组共同讨论和研究在自学中没有解决的问题，寻求答案。不能解决的问题，留待答疑阶段解决。

答疑：立足于由学生自己解答疑难问题。由每个学习小组承担回答一部分，然后由教师回答解决剩下的疑难问题。

自测：学生根据定向指出的重点和难点，以及学习后的自我理解，自拟一组约需10分钟完成的自测题，由全班学生回答，自己评分，自己检查学习效果。

自结：每个学生总结自己学习的主要收获。教师在成绩优秀、中等、较差的学生中，选择有代表性的学生，讲述自己的学习过程和收获，使所获得的知识信息得到及时强化。

这六步程序，可以依据课文的特点和学生理解的难易程度形成若干变式，如浅近的文章，以学生自学解决为主，其他两步可以省略；若自测效果好，自结则可略。

这一教学模式同时辅之以课外活动，扩大学生吸取知识信息的范围，使之学用结合。

五、邱学华的尝试教学法

该结构模式以"先试后导、先练后讲"为基本原则，其教学程序分准备练习—出示尝试题—自学课本—尝试练习—学生讨论—教师讲解—第二次尝试练习七个步骤。在具体教学过程中，七步可做灵活调整。

尝试教学在长期的教学实践中已经建立了适应各种不同教学需要的教学模式体系，包括基本模式、灵活模式与整合模式三类。根据尝试教学理论的实质和"先试后导、先练后讲"的基本特征，在教学实践中邱学华逐步形成了一套基本操作模式，其教学程序分七步。

第一步是准备练习。这一步是学生尝试活动的准备阶段。对解决尝试问题所需的基础知识先进行准备练习，然后采用"以旧引新"的办法，从准备题引导出尝试题，发挥旧知识的迁移作用，为学生解决尝试题铺路架桥。

第二步是出示尝试题。这一步是提出问题，为学生的尝试活动提出任务，让学生进入问题情境之中。尝试题出示后，必须激发学生尝试的兴趣，激活学生的思维。可以先让学生思考并相互讨论解决方案。

第三步是自学课本。这一步是为学生在尝试活动中自己解决问题提供信息。出示尝试题后，学生产生了好奇心，同时产生解决问题的愿望。这时引导学生自学课本就成为学生切身的需要。自学课本之前，教师有时可提一些思考问题作指导，自学课本时，学生遇到困难可以提问，同桌学生也可互相商量。通过自学课本，大部分学生对解答尝试题有了办法，时机已经成熟就转入下一步。

第四步是尝试练习。尝试练习根据学科特点有多种形式。教师要巡视，以便及时掌握学生尝试练习的反馈信息，对学习困难学生进行个别辅导。学生尝试中遇到困难，可以继续阅读课本，同学之间也可互相帮助。

第五步是学生讨论。尝试练习中会出现不同答案，学生会产生疑问，这时引导学生讨论，不同看法可以争论，学生在此过程中开始尝试讲道理，之后学生需要知道自己的尝试结果是否正确，教师讲解也已成为学生的迫切需要。

第六步是教师讲解。这一步是为了确保学生系统掌握知识。有些学生会做尝试题，但可能是按照例题依样画葫芦，并没有真正懂得道理，因此需要教师的讲解。讲解不是什么都要从头讲起，教师只要针对学生感到困难的地方和教材的关键之处重点讲解即可。

第七步是再次尝试。这一步是给学生"再射一箭"的机会。在第一次练习中，有的学生可能会做错，有的学生虽然做对了但没有弄懂道理。经过学生讨论和教师讲解之后，得到了反馈矫正，进行第二次尝试练习，再一次进行信息反馈。这一步对学困生特别有利。第二次尝试题应与第一次不同，或稍有变化或采用题组形式，之后教师可以进行补充讲解。

以上七步是一个有机整体，反映了学生完整的尝试过程，也是一个有序可控的教学系统。中间五步是主体，第一步是准备阶段，第七步是引申阶段。由于实际教学情况的复杂多变，生搬硬套一种模式是不科学的，邱学华在实践的基础上又提出可以从基本模式中派生出许多变式，称为灵活模式，如调换式，即把基本模式中的某几步调换一下；增添式，即在基本模式上再增添一步或几步，如在出示尝试题以后可以增添一步学生讨论；结合式，即当学生比较熟悉和适应尝试教学以后，基本模式的七步就不必得过于清楚，而是可以有机结合地进行；超前式，即由于教学时间有限，教师可以将基本模式的前几步提前到课前作为预习进行。

尝试教学模式可以同其他教学模式整合，因而产生了第三类整合模式。邱学华认为，提倡一种教学法，并不排斥另一种教学法，它们之间不应该是对立的，而应该是相互结合、相互补充、相互融合的。

六、洋思中学"先学后教，当堂训练"模式

洋思中学的"先学后教，当堂训练"课堂教学模式，其基本思想就是让学生人人都会学，人人都学好，全面体现学生在学习过程中的主体地位。所谓"先学"，是指学生在课堂教学的开始阶段，按照老师所揭示的教学目标和要求，自己学习教材内容并尝试回答有关的问题。所谓"后教"，是指教师针对学生在自学过程中暴露出来的问题进行适当的整理、评价并进行必要的补充。所谓"当堂训练"，是指老师给学生留出一定的时间，让他们在课堂上独立完成本节课的作业。因此，从总体上来看，这一模式充分体现出了学生在学习活动中的主体地位，同时也恰到好处地注意到了教师对学生学习进行必要指导和补充，真正实现了学生主体和教师主导的双向互动和内在结合。

具体来说，"先学后教，当堂训练"课堂教学模式的基本步骤如下。

（一）揭示教学目标

揭示教学目标，就是指教师要在学生自学之前让他们明确本节课的教学目标。这样不仅可以使学生能够从整体上感知本节课的学习任务和要求，而且可以在接下来的自学活动中做到方向明确，有的放矢，充分发挥学生学习的积极性和主动性。

教学目标的陈述要力求简明扼要，层次清晰，并在广度和深度上与教材和课程标准的要求保持一致，既不降低，也不拔高。另外，教学目标不仅要包括知识技能方面的内容，还要有方法辅导、德育渗透、心理疏导等发展学生全面素质方面的要求。

（二）自学前的指导

在这一阶段，教师要让学生知道他们需要自学什么内容，怎样进行自学，可以用多长时间，最后要达到什么要求等。学习有了具体的范围和要求，而且有了规定的时间限制，这样可以使学生在学习时有一定的压力，适当增加学习的紧张程度，提高学生自学的效率。如果在自学时给学生提供具体的方法指导，长期坚持下去，还有利于学生掌握自学的方法，增强自学能力。

学生自学前的指导一定要具体、明确，这样学生在学习时心中有数，才能在自学的过程中增强针对性，提高学习的效率。

（三）自学

"自学"是指学生按照教师提出的要求进行积极的阅读思考或动手操作，尝试通过独立与合作方式理解课本知识，并内化到自身的知识结构。其目的，一方面是为了充分发挥学生在学习中的自主性、能动性，真正体现学生的主体地位和作用；另一方面，是为了让教师发现学生在学习中暴露出的问题，以便增强接下来的"教"的针对性，不致重复学生自己已经学会的内容。因此，洋思中学把这一环节称为是教师在课堂教学中进行的"二次备课"。

教师在学生自学的过程中要进行一定的督察，及时表扬和鼓励那些自学速度快、效果好的学生，同时重点给中等生和后进生提供指导和帮助。另外，教师要在"先学"这一阶段，通过提问、讨论、学生板演等形式，让学生最大限度地暴露自学中遇到的问题，并对这些问题进行一定的分析判断和归类整理，为有的放矢地进行"后教"做准备。再者，提问时要尽量照顾到后进生，如果后进生都学会了，那么就可以保证全班同学基本上都已经达到了本节课的目标。

（四）后教

"后教"是教师在学生自学的基础上，结合他人中存在的问题和疑惑所进行的有针对性的教学活动。它的作用主要是对学生的自学进行一定的梳理和必要的纠正、补充，同时也是对学生自学的更高一层次的深化和提升，这对于提高学生学习的效果是极为关键的。

教师在"后教"阶段要做到三个"明确"：一是要明确教的内容。教的内容主要指学生在自学过程中暴露出来的带有普遍性倾向的问题，也就是学生目前尚未掌握的教材内容，为保证整体效率，如果只是个别或极少数学生没有掌握，可以采取其他的辅导措施进行补救，而没必要在课堂上进行统一的教学。二是要明确教的方式。洋思中学广泛推行一种"兵教兵"的教学方式，就是让通过自学已经学会的学生去教那些还没有学会的学生，其他学生可以对这位同学的讲解提出疑问，或者进行相互的讨论，教师的作用则是对学生的讨论进行引导，并对学生讨论未决的问题进行点拨、更正和补充。三是要明确教的要求，教师要让学生不折不扣地达到课程标准所规定的要求，而不满足于只给学生提供具体问题的答案。应该引导学生通过具体问题的解决找到解决这一类问题的规律，不仅"知其然"而且做到"知其所以然"。同时，教师必须提醒学生注意在知识的具体运用中可能遇到的问题，使学生在遇到类似的问题时少走弯路。

（五）当堂训练

当堂训练就是指教师课堂上要留出不少于15分钟的时间，让学生独立完成本课的练习和作业，其目的有二：一是检测和巩固本节课的所学知识和技能；二是引导学生通过练习把知识转化为实际问题的解决能力。练习的内容是让学生运用本节课所学知识解决实际的问题，练习的形式则是学生独立完成，教师不提供任何形式的指导，学生之间也不允许进行讨论。这对于巩固学生所学知识、发展学生的思维能力，培养学生的独立意识和良好的学习习惯以及减轻学生过重的课外负担，做到作业的"堂堂清""日日清"，都是极为有利的。

七、山东杜郎口中学的"10+35"模式

杜郎口中学的经验概括起来就是"让学生动起来、让课堂活起来、让效果好起来"，而核心是一个"动"字，围绕"动"千方百计地彰显学生学习的"主权"。杜郎口课改的精髓体现在最大限度地把课堂还给学生，主张能让学生学会的课才是好课，一切以学生的"学"来评价教师的"教"，课堂必须体现出"生命的狂欢"。

杜郎口"10+35"模式，即教师用10分钟分配学习任务和予以点拨引导，学生用35分钟"自学+合作+探究"。

杜郎口模式呈现出三个特点，即立体式、大容量、快节奏。杜郎口课堂在结构上有三大模块，即预习、展示、反馈。

杜郎口的课堂展示模块突出六个环节，即预习交流、明确目标、分组合作、展示提升、穿插巩固、达标测评。

八、山东昌乐二中的"271"模式

"271"模式，即课堂45分钟按照2：7：1的比例，划分为"10+30+5"，要求教师的讲课时间不大于20％，学生自主学习占到70％，剩余的10％用于每堂课的成果测评。

"271"还体现在学生的组成划分上，即20％是优秀生，70％是中等生，10％是后进生。"271"体现在学习内容上，即20％的知识是不用讲学生就能自学会的，70％是通过讨论才能学会的，10％是通过同学之间在课堂上展示，互相回答问题，加上教师的强调、点拨，并通过反复训练才能会的。

每一间教室里都有三个"小组"，一个是行政组，一个是科研组，一个是学习小组，称为学习动车组。

此模式强调"两案并举"，两案即导学案和训练案。导学案要实施"分层要求"——分层学习、分层目标、分层达标、分层训练。

九、山东兖州一中的"循环大课堂"模式

山东兖州一中根据高中教学的特点，渐变形成了"循环大课堂"模式。通过改变课堂结构，一改传统的课后辅导、写作业练习这样的旧制，后段变前段，前置变成了预习，课后变成了课前，"把练习变成预习"，从而创造性地解决了课下低效的难题。

"循环大课堂"注重学生课堂上的学习状态，让学生带着"问号"进课堂，通过独学（自学）、对学（对子间的合作）、群学（小组间合作探究），形成"叹号"，然后再通过展示交流把新生成的"问号"，最终变成"句号"。

兖州一中的突出亮点是围绕着课堂改革构建"课改文化"。尤其

是注重发挥学生的"自主"和"主体"作用，他们不仅把学习权交给了学生，甚至连学校的管理权也交给了学生。

"循环大课堂"把课分为两截，"35+10"，即"展示+预习"。其中的"三步六段"是课堂的组织形式，前35分钟的课堂展示内容是上节课的后10分钟加课下自主预习的成果，而预习的内容正是下节课将要展示的内容。

导学案是"循环大课堂"的核心要素，一般要具有以下要素：学习目标、学习任务、重点难点、学法指导。做到"四化"：知识问题化，问题层次化，层次梯次化，梯次渐进化。

导学案一般要在难度、内容和形式上设计分为ABCD四个级别：A级为"识记类内容"，要求学生在课前时间必须解决；B级为"理解级"，要求学生能把新知识与原有知识和生活挂钩，形成融会贯通的衔接；C级为"应用类"，学以致用，能解决例题和习题；D级为"拓展级"，要求学生能把知识、经验和社会以及最新科研成果挂钩。

十、江苏灌南新知学校的"自学·交流"模式

在"自学·交流"模式里，自主是核心，而托起自主的是学生的自学和交流。然而随着"特色自主学习模式"的实施，"主体"被唤醒了的学生在学习中发挥出极大的能动作用，这也无形中将教师置于一个尴尬的境地：在新的教学模式中，有个别教师的步子总比学生慢半拍，有意无意地成为学生进一步发展的"障碍"，甚至失去了自己的角色，他们渐渐成为"边缘人"。当然，也有另一种情况，个别教师渐渐跟不上学生学习的节奏，他们的知识半径笼罩不了学生的求知范围。怎么办？徐翔说，那就干脆一改到底，再"偏激"一次，完全把学习的权利和课堂时空还给学生——不准教师进课堂。

"自学·交流"学习模式从提前一天将"学案"发放给学生，即开始了引导学生自学的过程。把原属于学生的思维权利通过"自学"还给学生，通过"交流"表达自我的权利。

新知对学生的自学有三个层次的要求。一是完成学案上老师预设的问题，了解学习文本需要掌握的知识、考查的技能等；二是要对学案中涉及的问题进行质疑，提出自己的问题，对未涉及的问题要进行补充，丰富完善；三是敢于否定书本中既成的事实和结论，并发表自己的见解和结论。

十一、河北围场天卉中学的"大单元教学"模式

"大单元教学"模式具有三大特色：大整合、大迁移、大贯通。其具体表现形式是"三型、六步、一论坛"。

在"大单元教学"模式中，核心是"展示教育"。"预习展示课"环节，先期让学生达到掌握70％～80％的目标，并在小组内部由组长带领，要求每个成员对自己的学习成果进行"展示"；"提升展示课"是对小组合作学习成果进行展示，通过教师的追问、质疑，进一步明确学习目标，拓展联系更多的相关内容，让学生能够"举一反三"，达到"提升"的目的；"巩固展示课"则是追求知识的"再生成"，教师要善于利用某些奇思妙想，让有"创见"的学生展示自己的独到思维见解，通过学生"兵练兵""兵教兵""兵强兵"的过程，达到对知识的再认识和巩固的目的。

十二、辽宁沈阳立人学校的整体教学系统和"124"模式

"124"模式，"1"即整合后一节课的教学内容；"2"即自学课和验收课两种课型；"4"即四大教学操作环节：目标明确、指导自学、合作探究、训练验收。

立人的课堂完成了"六个变身"，变教师"讲"为学生"做"，让学生在"做"中思考，主动探究；变教"书"为教"学"，变灌输知识为指导学习方法；变集中精力批改作业为集中精力备课；教师走下讲台参与，学生走上讲台展示；教师下海精选习题，学生上岸探究创新。

整体教学系统和"124"模式整体教学系统包括"整体整合、两案呼应、两型四步"三大板块。整体教学是"三加工""三导"循环式的教学过程。一是教师加工知识导图，编制导学案，以图导案；二是教师加工导学案，实施教学，以案导学；三是学生加工学案，理解、应用、归纳总结，形成学习导图，以学导图。"整体整合"包括整合

教材、整体呈现、整体组合、整体包干、整体验收五个方面。

十三、江西武宁宁达中学的"自主式开放型课堂"

宁达的经验其实就是"把学习的权利还给学生"。宁达中学"自主式开放型"课堂在操作上主要包含了四个模块：自学、交流、反馈、巩固拓展。

课堂划分为三个模块：预习、展示、测评。课堂三模块大致按照时间划分为：15（分钟）+25（分钟）+5（分钟）。

以学习小组为基本合作单位，每间教室分为9个小组。每个小组依据好、较好、一般三个层次组合，每组6到8人，设立小组长和副组长两名。

预习课围绕的学习目标叫"课堂指南"，"课堂指南"主要由五部分构成：一是学习目标；二是重点、难点；三是学习过程；四是当堂测评；五是拓展提升。

十四、河南郑州第102中学的"网络环境下的自主课堂"

"网络环境下的自主课堂"模式由"预习、展示、调节、达标"四个环节组成。

学生们把预习好的导学案及课堂展示的内容课前上传，板书、展示、表演、提升，上课时不用忙着记笔记和在黑板上临时书写，挤出的大量时间可以用于师生之间、同学之间的交流互动。借助电子白板的快捷、方便，展示过程可以十分紧凑、高效，而且交互式电子白板还有储存、记忆功能，自由调用，学生巩固和反馈也变得十分方便快捷。

每个班级的电子白板还依托网络充分联通，"班班通"，每一节课后，包括教师的课件，学生的解答过程、修改过程，教师的讲解圈注等都可以储存下来，自动上传至校园网络，供全体师生调阅、反馈、总结、互动。

网络环境下的课堂主要依托交互式电子白板，推进新课程理念下新的课堂模式，使师生的交互合作成为一种常态和现实，人机互动、师生互动、远程互动成为现实。

十五、安徽铜陵铜都双语学校的"三模五环六度"模式

"三模"是指"定向导学、互动展示、当堂反馈"三大导学模块;"五环"是指导学流程中要经历"自研自探—合作探究—展示提升—质疑评—总结归纳"五大环节;"六度"是要求教师导学设计及课堂操作过程中要重视学习目标的准确度、自学指导的明晰度、合作学习的有效度、展示提升的精彩度、拓展延伸的合适度、当堂反馈的有效度。

建构"三模五环六度"课堂运行机制,其中"自学指导""互动策略""展示方案"三大课堂核心元素的设计,将自主、合作、探究的课改理念化为高效课堂的实际生产力;自研课、展示课、训练课、培辅课、反思课等五种课型架构成"五环大课堂"。

十六、山东平邑一中的"学案导学"模式

"学案导学"模式以让学生学会学习、学会创新为宗旨,打破过去只以教案教学的常规,以学案为载体,通过"先学后教,问题教学,导学导练,当堂达标",让学生直接参与、亲身体验和感悟知识形成的过程,探索发现问题、解决问题、形成结论、创新知识程序和方式方法。在整个教学过程中,教师不是"授人以鱼",而是"授人以渔";不是奉送真理,而是教学生发现真理。他们的做法,划清了传统教育与现代教育的界限,对于培养学生的创新精神和创新能力具有重要意义。

"学案导学"是以"学案"为载体、"导学"为方法,教师的指导为主导,学生的自主学习为主体,生生、师生共同合作完成教学任务的一种教学模式。通过学生的自主学习,培养学生的自学能力,提高教学效益,让学生真正学会学习,成为学习的主人。

学案导学的一般过程为:

1.教师编"学案"。教师对学案的设计,应从教材的编排原则和知识系统出发,对课程标准(大纲)、教材和教参资料以及自己所教学生的认知能力和认识水平等进行认真的分析研究,合理处理教材,尽量做到学案的设计重点突出,难点分散,达到启发和开拓学生思维,增强学生学习能力的目的。

2.学生自学教材。完成学案中的有关问题是学案导学的核心部分。它要求教师将预先编写好的学案，在课前发给学生，让学生明确学习目标，带着问题对课文进行预习。同时，教师在学生自学过程中应进行适当辅导。

3.讨论交流。在学生自学的基础上，教师应组织学生讨论学案中的有关问题，对教学中的重点、难点问题应引导学生展开讨论交流，形成共识。而学生在讨论中不能解决或存在的共性问题，教师应及时汇总，以便在精讲释疑时帮助学生解决。

4.精讲释疑。精讲释疑就是在学生自学、讨论交流的基础上，教师根据教学重点、难点及学生在自学交流过程中遇到的问题，进行重点讲解。

5.练习巩固。练习的设计应紧扣本节课的教学内容和能力培养目标及学生的认知水平。练习题要求学生当堂完成，让学生通过练习既能消化、巩固知识，又能为教师提供直接的反馈。教师对练习中出现的问题应及时发现，给予指正，做出正确的评价。

"学案"可分为学习目标、诊断补偿、学习导航、知识总结、达标测试五个环节。

学习目标：目标的制定要树立"一切为了学生发展"的新理念，针对本节的课程标准，制定出符合学生实际的学习目标。目标的制定要明确，具有可检测性，并与本节当堂达标题相对应。

诊断补偿：首先设置的题目重在诊断学生对和新知有联系的旧知的掌握情况，目的是发现问题后进行补偿教学，为新知的学习扫清障碍；其次有利于导入新课，激发学生学习兴趣。

学习导航：学案设计思路：1.树立"先学后教"理念，学案要以"学"为中心去预设。主要解决学什么、怎样学的问题。2.教师在设计本部分内容时，要用学生的眼光看教材，用学生的认识经验去感知教材，用学生的思维去研究教材，充分考虑学生自学过程中可能遇到的思维问题。3.给学生充分的学习时间，每个知识点学完后，要配以适当的题目进行训练，使学生理解和掌握所学知识。

知识总结；当堂形成知识网络，及时复习，力避遗忘。最好是学生自我总结。

达标测试：紧扣本节课的学习目标，选择能覆盖本节课所学内容的题目；对学生进行达标测试，以查看本节课学生的学习效果，并针对学生反馈情况及时进行补偿教学；难度不可太大，以考查知识的掌握及运用为主。

第三节　课堂教学的组织方法

一、目光注视法

眼睛是心灵的窗口，学生通过教师的目光窥见教师的心境，从中引起相关的心理效应，产生或亲近或疏远，或尊重或反感的情绪，进而形成这样或那样的师生关系，影响教学的效果。因此，教师要恰当地运用目光为教学服务。如果在开始上课时，教师用亲切的目光注视全体同学，一定可以使学生情绪安定，从而吸引学生的注意力，使学生愉快地投入学习。

二、情绪感染法

表情是师生沟通情感，交流思想，建立联系的过程，教师的表情是学生关心的目标。他们从教师的表情中获取信息以确定自己的反应，这就要求教师上课时表情要自然，一定要让自己的内心活动与外在表情一致。使学生看到教师表里如一的坦诚自然的形象；要充满自信，使学生得以健康向上的精神；要温和，使学生感到亲切可信。

三、趣味激励法

兴趣是人的一种带有趋向性的心理特征，是人行为的有力动机。学生不可能在每节课内对某一事物始终保持高度的注意，因此，教师在教学中应设计一些能激发学生兴趣的活动。如一段故事，一个小实验，一个小活动等。通过这些活动，一方面调节学生的注意力，同时也可以激发学生的学习兴趣，使学生振奋精神，产生良好的心境，提高学习效率。

四、目标指引法

在每节课开始时，教师要明确该节课学习的目标及要求，利用语言及其他教学手段，激励学生产生为达到目标的欲望和兴趣，从而提高自己的有意注意和主动思维。

疑问是激发学习兴趣的基础。巧妙的设疑是组织教学中的一种艺术方法。当某些学生注意力不集中时，教师设置疑问让学生回答以促使学生注意力转移。在学生学习情绪低落时，利用疑问引导学生的学习兴趣，激发学生学习的积极性。但设疑需要教师的精心设计，注意提问的思考价值，无目的地设疑会破坏教学，影响学生的思维。

五、停顿吸引法

由各种原因造成课堂教学比较混乱时，教师可采用突然停止讲课，等学生感到意外，从而达到吸引学生注意力的目的。在此时教师特别注意不要批评学生，以免挫伤学生学习的积极性，打乱教学思维。

在教学中教师要不断地发现学生的优点并及时给予鼓励。这不仅是对某个学生的鼓励，也是对大家的激励，使学生有了努力的方向，成功时候的赞扬能使学生迸发继续向上的欲望；遇到困难时，教师的激励更为重要，它可以使学生产生自强不息的信心，激起学习的欲望。

恰当地选择时机板书，不仅可以使学生很好地掌握知识，更主要的是可以使学生在课堂上进行思维调整。

六、语言表达法

语言条理清楚，通俗易懂是组织教学的基本要求。只有讲得有条理性和逻辑性，才会使学生获得系统全面的概念；语言准确，简明扼要是组织教学的基础。这样才能使人听着舒服，爱听；善于例证，形象比喻，适当应用一些格言、名句、典故、顺口溜等也是语言组织的一些技巧。生动的语言使人感到直观和感动，让人兴趣盎然，同时也在记忆中留下深刻的印象。语言的使用影响着意思的表达，感情的色彩。在不同的情况下，恰当地使用语气也可以使学生加深对知识的理解，可以活跃课堂气氛。总之，在教学中还要注意语言使用得当。

在课堂教学中合理恰当地运用暗示可以使师生间产生默契，使学生保持大脑的激活状态。如学生遇到难题时教师语言暗示"你能够做出"来激发学生刻苦钻研；若课上某些学生注意力分散，教师的眼色或手势可以使学生自觉地调整自己的注意力。暗示给予学生自尊，从而调动学生的学习积极性，增强了课堂效果。

第四节　课堂教学艺术的体现

教学效果的优劣除与教师自身的素质优劣有关外，还与教师课堂组织的艺术有密切关系，课堂教学组织松散、学生无心学习，教学效果难得良好。教学组织严密能把学生有效地组织起来，充分调动其学习的兴趣和积极性，让他们按照教师设计的教学方案有条不紊地听课、思考、讨论、发问、实践，教学效果自然良好。所以课堂教学组织是教学工作的重要组成部分，课堂教学的组织一般可分为三个部分，即课前组织、课间组织、课后组织。

一、课前的教学组织艺术

课前的组织教学是在上课铃响以前对学生的组织，它是组织教学一个不可缺少的环节。但课前的组织教学常常被一部分教师所忽视。有些教师姗姗来迟，上课铃响过后，才匆匆忙忙地赶到教室，进入教室后便立即讲课。学生情绪还未稳定，也没进入听课学习的状态，在这种情况下教师讲课的效果一定不好。

有经验的教师是十分重视课前的组织教学的，以便增强课堂的教学效果，为上好课确立良好的基础。所以教师在上课预备铃响时必须到达教室门口，教师这种行动实际是暗示学生，必须赶快进入教室。当学生全部进入教室以后，教师应站在教室门口向全班的学生扫视一眼，表示教师即将上课，如发现有个别学生仍在谈话或课本、笔记本未放到桌上，教师应将目光集中注视这些学生，用眼光暗示他们即将上课必须安定下来，做好上课准备。教师这些行动，实际是无声的命令，它能起到意想不到的组织效果，保证上课的正常进行。这是稳定全体学生情绪的重要一步，任何一个教师都不能忽视。

二、课间的教学组织艺术

课间的组织教学是课堂教学计划实现的重要手段，组织的有效度确定了教学效果的有效度。所以想把课堂教学目标很好地完成，任何一位教师都应很好地抓住课间教学的组织。课间的教学组织艺术主要体现在教师的教学组织方法艺术上，课间的组织教学应注意以下几个方面。

（一）教学设计的艺术

课堂教学的流程设计同样具有艺术性。根据初中生年少，自控能力差，精神集中时间短（据心理学家研究，一般不超过15分钟）的特点进行教学设计时，必须巧妙地把该节课所要传授的重点知识在前20分钟内传授完毕，即让学生在精神状态最好，最容易集中精力的时间内把新的知识学好。还要艺术地把复习旧课、讲授新课，学生思考、讨论、质疑、小结、练习等一系列的教学过程巧妙地穿插安排，使整个课堂教学生动活泼，充分发挥教师的主导作用和学生的主体作用。科学的、生动活泼的教学流程将会使教学产生良好的效果。

（二）语言的组织艺术就是通过语言去进行课堂教学组织的艺术

1. 语言指令要适当。就是在需要语言组织的时候，才发出学生愿意接受的指令性语言。比如，在需要集中而又发现学生纪律松散时，才发出集中的语言指令。这样，就不会使学生感到教师限制太多。

2. 语言指令要明确具体。这是指使用的语言要具有指令性，同时还要有具体的内容，让学生听后明确该做什么。比如，"请大家注意听老师提的问题，思考后举手发言""还有什么疑问请提出来"等。

3. 语言表达要圆润清晰，温和可人。"圆润清晰"是指对语言表达时发音的要求；"温和可人"是指对语言表达态度的要求。要达到圆润清晰就得加强语音训练，要做到温和可人就得多使用"……好不好"之类的语言，给学生以商量的口吻，这样学生听了舒服，愿意服从。

（三）非语言的组织艺术，就是指使用手势、表情、眉目语等体态语和教师自身的魅力来进行课堂教学组织的艺术

1. 体态语组织艺术。体态语包括表情、姿态、动作、人际距离等，体态语对课堂教学组织的影响是十分明显的，有这样一个公式：思想交流的总效果＝45%的语言＋55%的体态。要搞好体态语组织就必须做到把目光投向所有的学生，重视情感交流、信息交流。教师把目光投向全体学生，还可以使教师注意到每个学生听课的情绪，以便及时调整教学计划，更好地完成授课任务。

2. 教师自身的魅力，即教师自身的良好修养、得体的教态和良好的心理状态。教师的魅力是无声的语言，是一种震撼学生心灵的力量，是课堂教学组织的一个重要组成部分。它能使学生从由衷地敬佩教师到愿意接受老师的教育，并自觉模仿教师的言行。另外，对课堂中出现的偶发事件要灵活处理，注意因势利导。随着教师课堂上讲授情况的变化和学生疲倦度的增加，加上学生的思想性格及学习态度的差异，课堂教学的过程中就常会出现上课精神不集中，喧哗吵闹、搞小动作影响其他学生听课，甚至与教师顶嘴，诸如此类的违纪现象常使教师头痛。要解决好这类违纪行为，教师首先要确立这样一种认识，绝大部分的学生都是可以教育好的。教师面对违纪情况时，不必急于批评学生，可以立即停止讲授，用严肃的目光注视违纪学生二三十秒。这种办法经常收到意想不到的效果，一是使违纪学生知道老师已注意到，并在用无声的语言批评他，大多会立即纠正错误；另外教师的行动会引导全班同学注意把目光集中到违纪学生身上，这就会给违纪学生造成一种压力，自觉地克服自己的错误。课后教师再找犯错误的学生谈心，严肃地批评教育，并讲清楚教师为什么不在课堂上对他公开批评的道理。这种教育方法，较易让学生接受。教师的这种做法，既稳定了课堂秩序，教育了违纪的学生，又能够保护违纪学生的自尊心和自信心，以便他改正错误和健康成长。

三、课后教学组织

所谓课后的教学组织艺术是指教师为保证课堂教学目标进一步的落实、组织学生对新授课程的复习，未授课程的预习，达到巩固已知，探求未知。要想课后的组织教学达到预期的效果，课后应根据授课内容的重点、难点布置适量的作业。布置作业应以质取胜，避免简单的重复；教师应根据讲授新课的重点难点，布置适量的、富有启发性的思考题，引导学生预习，以便学生心中有数地听讲新课。课堂教学的组织艺术除以上的一些基本原则和方法外，还应根据教师不同的个性修养和经验充分发挥教师个人的特长，使课堂教学组织更为严密，更具特色，更有效果。

总之，课堂的组织艺术方法是多种多样的，教师在教学中要根据学生的心理特点和心理发展的需要，根据具体情况，采用不同方法因势利导组织教学。组织教学中要以可以激发学生的学习兴趣和积极性为主，保证课堂教学计划的顺利完成，力求取得最佳的教学效果。

第九章 课堂教学的语言艺术

众所周知，课堂教学是教师通过语言将自己的知识传授给学生，从而达到教学的目的，这就要求教师的课堂语言要具有较高的艺术性。教师的课堂语言，应该声声入耳、句句感人、取喻贴切、出言有章。如果教师在教学过程中，不能用自己的"内部语言"迅速且准确地转换成学生容易接受的"外部语言"，就会"言在此，而意在彼"。这样，就达不到预期效果和教学目的。如果教师不善言辞，讲起课来吞吞吐吐、语无伦次，正像"茶壶倒饺子"一样，那么即使是知识渊博，也很难完成教师"传道、授业、解惑"的任务。因此，教师的课堂语言应该具有较强的号召力、饱满的激情、严密的逻辑性，也应该通俗易懂、形象生动、趣味、幽默而富有启发性。

第一节 课堂语言艺术的原则

课堂教学离不开语言。语言是教师传授知识、传递信息的主要载体之一。教学语言艺术与课堂教学效率密切相关。苏霍姆林斯基说过："教师高度的语言修养，在极大程度上决定着学生在课堂上脑力劳动的效率。"因而从某种意义上说，课堂教学艺术首先是教学语言艺术。

所谓教学语言艺术，就是教师在教学过程中遵循教学规律和审美原则，正确处理教学中的各种关系，把知识和信息正确有效地传递给学生的语言技能活动。

一、教学语言艺术应具有教育性

课堂教学是一种有目的的教学活动，要求教师在规定时间内，把知识正确而有效地传授给学生，以便学生在德、智、体、美、劳诸方面获得全面发展。而要完成这一任务，教师在选用教学语言时就必须根据备课时设计的教学目标，精心考虑，注意信息的高效传递。

二、教学语言艺术应具有知识性

不同学科需要用不同的专业语言，文科教师要注意感情的抒发，理科教师则应注意理性的阐述。即使同一科也应因教学内容的不同而选择不同的教学语言。比如，语文学科，教学议论文与讲说明文就不能用同一语言。语言的丰富多彩是教学语言艺术的重要表现之一。

三、教学语言应具有针对性

对低年级学生来说，教学语言应形象、具体、亲切、有趣味性；对高年级学生来说，教学语言应深刻、明朗、隽永、幽默、有哲理性。只有针对不同学生心理需求，采用不同的语言，才能充分发挥教学语言的艺术诱导作用。脱离学生实际，千篇一律，照本宣科，这样的教学语言不仅与教学规律相悖，更与教学语言艺术无缘。

四、教学语言应具有多样性

巴班斯基认为，没有教学方法的丰富多彩，就没有教学内容的现代化。在课堂教学中，应根据教学实际，交错使用多种教学方法，或讲述，或点拨，或解难，或分析，或综合，为此，就要求教师运用多种教学语言，一方面是为活跃课堂气氛，更重要的是为了不断点燃学生智慧的火花。

除上述原则外，教学语言还应简明准确，具有科学性；通俗形象，具有直观性；生动含蓄，具有启发性；层次清楚，具有逻辑性；抑扬顿挫，具有节奏性；机敏幽默，具有趣味性。

第二节　课堂语言的艺术特点

一、课堂语言应该饱含激情而具有号召力

古人说："感人心者，莫先乎情。"可见富有激情的语言才能感人，才能广泛地调动学生的学习积极性和激发学生的求知欲，才能在课堂内产生一种强烈的号召力和凝聚力，使学生的思想高度集中到黑板上、教师身上、书本上，而不至于使学生"身在曹营心在汉"。怎样做才能达到上述目的呢？

首先，教师应该把握住感情阈值及感情流量。从心理学角度来分析，客观外界信号刺激人的大脑便引起大脑皮层的兴奋，这种信号达到一定"强度"时，感情才能开始发出。这个一定的"强度"即为阈值。因此，要以情动人，就必须有超越阈值的刺激信号，不然感情就难以发出。其实，教师讲课如同相声演员说相声一样，必须高度进入角色，才能达到"情自肺腑出，方能入肺腑"的境界。那么，这就要求教师很熟练地掌握所讲内容，才能轻松自如地进行讲解，才能充分地发挥语言技巧，从而达到"情见于辞、情发于声、情触于理"之效果。然而，教师还应该恰到好处地把握感情的流量，应以触发激起学生的求知欲为标准。以自己"灼人"的力量，收到感人的效果。

其次，教师应该把握住感情色彩，使学生产生心理共鸣。上课时，教师应该通过自己语言的抑、扬、顿、挫和面部表情的变化及恰当的手势等，体现出不同的感情色彩。同时，根据授课内容的发展，时而低声细语、时而大声疾呼、忽而声色俱厉、忽而婉转动听。这样，以表情、语调作为课堂语言的辅助工具，就使授课内容与讲课激情高度和谐统一，从而达到引人入胜的目的。

二、课堂语言应该形象生动而通俗易懂

首先，在课堂中，教师必须对自己的语言进行精心组织，应该选择确切、精辟、通俗、常用的字、词、句，应极力避免使用令人费解的、罕见的方言词和文言词等，这样才能达到课堂语言形象生动而通俗易懂的目的。其次，课堂语言还应讲究语法规则，且言简意赅。竭力使字、词、句等各级语言单位符合约定俗成的语法规则。不说半截话，不含糊其词，也不拖泥带水。不然，就会主次不分明，就有点"荒草多了，苗就看不清"的味道。最后，教师在课堂中举例、取喻都应是学生易于接受且是喜闻乐见的东西，否则，就达不到通过举例、取喻来进一步说明问题的目的。当然，举什么例子，取什么比喻，都应在课前深思熟虑一番，绝不可临场靠灵感信手拈来，这样往往会使自己陷入被动境地。

三、课堂语言应该趣味幽默而富有启发

趣味和幽默可以说是课堂语言的双臂。它们在调动学生的学习积极性和激发学生的学习兴趣及启迪学生的智慧等方面，起到了举足轻重的作用。它们也就好像课堂的"味精"一样，如果投放适量的话，一定会使课堂"这锅菜"其味无穷，充满活力。

古人说："启其蒙而引其趣。"这就是说经过启发引导，可以大大地激发学生的学习兴趣，从而达到寓教于乐的目的。例如，语文老师解释成语"欲盖弥彰"时，就可以巧妙地用另一富有趣味的成语典故"此地无银三百两，隔壁阿二不曾偷"来说明其意义。这样，学生就在笑声中很自然地记住这个成语的意思。再如，物理老师可以由一队步兵正步过桥导致桥塌的故事来讲解"共振"的原理。化学老师可以由"坟山鬼火"来解释磷燃烧的道理。这样就使抽象的理论具体化了，把枯燥的东西变得富有趣味，从而使学生不会把记忆知识当成一种负担，反而在快乐的气氛中记住了知识。当然，我们提倡课堂语言应该富有趣味性，而不是要教师专门讲笑话，哗众取宠，来迎合学生。否则，就会使学生觉得课堂语言过于轻佻、庸俗、油滑，这样不仅大大地偏离了主题，而且也达不到教学目的。

有位名人这样说过："幽默是智慧的闪现"，这就说明了老师如能恰当地运用幽默语言，可以大大地开发学生智力，很好地陶冶学生的情操。幽默的语言也好像一串鞭炮，一点就响，一讲就笑，在笑声中绽开了智慧的花朵。因此，幽默的课堂语言，不仅使学生在发笑的同时领会了其中蕴含的智慧和哲理，而且活跃了课堂气氛，消除了紧张和疲劳，从而使学生在轻松愉快的气氛中学到了老师传授的知识。

四、课堂语言应该推理严密而环环相扣

课堂上，教师应该准确地表达所讲内容和严密地论证论点，用逻辑的力量去吸引学生，去一步接一步、一环扣一环地"征服"学生。

因此，教师的课堂语言应该条理清楚、推理严密、不凌乱。不然就会使所讲内容犹如一堆沙子，没有一点黏性，前后内容连贯不起来。同时，教师的课堂语言也应该具有高度的概括性。教师要抓纲张目，准确地把授课内容的重点、难点全面概括出来，使整个一堂课的内容好像一串有大有小的葡萄一样，只有这样，学生才能对课堂内容有清晰的印象和完整的记忆。

第三节　课堂语言艺术的运用

语言是教师和学生交流沟通的工具，教师语言技巧运用的好坏，直接关系到课堂效果。因此，笔者认为作为政治教师应从以下几个方面掌握语言技巧。

一、在规范的基础上融入生活化的语言

教学要贴近学生生活，其内容应是丰富多彩的。这就需要调动各种语言手段，把丰富的思想内容用丰富多彩的语言，灵活自如地表达出来，富于感染力和表现力，能震撼学生的心灵，使其产生共鸣。语言还要简洁明了，不要故作高深，使人费解，从而使学生在课堂中轻松地学习和掌握所学的知识。

二、在平实的内容讲解中注入形象化的语言

传统的课教学中，教师往往把课堂当成对学生说教的阵地，讲出来的自然总是平板的、干瘪的、严肃的词语，语调也是刻板单一的，要么是宣读文件的发言式，要么是一个调子的平缓式，昏昏然似乎在唱催眠曲，这样自然让学生失去兴趣。如果在平实的内容讲解中注入形象化的语言，注意语调的抑扬顿挫，把要讲的内容生动地表达出来，必然会极大地激发学生的兴趣。

生动和形象，是教师语言的最基本要求之一。思想政治课教学理论抽象内容枯燥，要想让学生想听、愿听、乐听，教师必须把抽象的知识用形象生动的语言表达出来，使学生感到通俗易懂，可结合名言

趣闻、社会热点，使学生在快乐中学习，增强课堂效果。

三、在枯燥的理论讲解中加入幽默、风趣化的语言

课堂里，理论性的内容较多，课堂教学中难免会遇到各种各样的问题，如无效、尴尬、僵持、对立等。而幽默就是打开这些问题的金钥匙。

要想大力提高学生的思维能力，使学生学会做人、学会做事、学会合作、学会学习，就很有必要在有限的课堂内高效地配以幽默性语言教学来唤醒学生的思想意识，解除疲劳，激发学生的学习快感、兴趣和动机。因此，为了把先人长期积累的科学知识转化为学生自己的知识，教师就必须刻苦钻研教材教法，运用幽默性语言艺术，激发学生的学习积极性，实现师生互动，升华情感，创造一种精神享受的境界，放松学生每一根神经，激发学生每一个细胞，达到愉悦轻松的快感效应，从而提高教学质量。

我们可以充分利用课堂里一切可以利用的德育因素，引入有关的故事、寓言、成语、歇后语或俗语等，用幽默、风趣的语言，既让相关的学生愉快地接受了教师的教育，摒弃了不良的学习习惯，又活跃了课堂气氛，让全体学生愉快地接受教师传授的课本知识。

课堂中巧妙地运用幽默的语言，一方面可使抽象的内容变得具体一些，使单一的教学形式变得生动一些；另一方面则可以振奋学生的精神，让学生在轻松、愉快的气氛中去理解、接受和巩固知识。但要注意的是，我们绝对不能一味地追求语言的幽默性，而落入俗套。科学知识毕竟是高雅的，它容不得低级趣味，应追求的是它的严肃性、科学性。

苏霍姆林斯基曾说过："真正的教育者是一种情感丰富的人，他同样强烈感受着喜悦、忧愁、激动和愤怒。"因此，我们可以用豪放的语言来表达积极的情感，以感染学生，提高课堂效果。

此外，课堂上还应该恰当使用无声语言。即用言辞以外的其他各种方式来表达自己的意图，包括肢体语言和沉默。有时，无声的语言能起到有声语言所不能取得的效果。

第四节 课堂语言艺术的标准

课堂教学语言艺术的总要求是：叙事说理，言之有据，把握科学性；吐字清晰，措辞精当，力求准确性；描人状物，逼真细腻，具有形象性；节奏跌宕，声情并茂，富于感染性；巧譬善喻，旁征博引，加强趣味性；简洁洗练，明了易懂，达到通俗性；语畅词达，说普通话，提高规范性；解惑释疑，弦外有音，富有启发性。一名优秀教师的教学语言应达到以下标准。

一、思维的逻辑性

即教师教学语言应具有严密的逻辑思维。我们知道，课堂教学传授的是科学知识，而"任何科学都应有逻辑性"，也就是说，每门学科都是由"逻辑思维的链条"结构起来的，有自己内在的层次和条理性。要把这种具备内在固有层次和条理的知识传授给学生，教学的语言表达没有相应的严格的逻辑思维结构是不可想象的，尤其是数学教学。

二、用词的精确性

用词精确同样基于教学内容的知识性和科学性。所谓精确，一是准确；二是精练。准确是教师教学语言的基本要求。主要指用词贴切、准确。具体要求是鲜明、准确、恰当，否则，就会误人子弟。像"大概""也许""可能是""似乎""好像""差不多"应属课堂教学禁用语。精练也就是凝练，言简意赅，不拖泥带水，不重复啰唆。否则，一是使问题讲不清；二是容易产生歧义，严重的还会使学生厌烦。

三、阐述的生动性

美国密执安大学教学研究中心专家罗伯特说："讲课最主要的缺点就在于从本质上说，它是一种单向性的思想交流方式"，而这个缺点带来的直接后果就是容易使学生产生精神疲倦。因此，成功的教学语言就必须具有吸引力和生动性。具有"生动性"才会有感染力，才能促使学生精神亢奋，思维活跃，使学生对教学内容产生"海绵吸水"的效应。俗话说，生动形象，通俗易懂。不通俗不好懂，怎么能产生兴趣，又怎么能积极反应消化吸收呢？可见通俗是教学语言生动性的基础。通俗就是要朴素自然，以浅显明白的语言形式表达深刻的专门化知识。而形象则是生动性的必备要素，因为形象的东西要比抽象的东西更具吸引力和感染力。在接受未知事物和新鲜信息时更是如此。

四、内涵的创造性

教师以博学取信于学生。那么博学靠什么来反映呢？靠教学内容讲授的独创性，靠讲授所表现的思想高度和知识的深度及广度来反映。出类拔萃的教师往往取胜于此。高超的表达形式配上深刻独创的讲课内涵，再加上本身渊博的知识和独到的教学内容处理，就能合理拓展，左右勾连，举一反三。表现在教学时不仅仅传授知识，而且还能引导学生学会思索，学会获取知识的方法，培养个性，陶冶理想和情操。表现在教师能将人生观、世界观天衣无缝地融入专业知识的传授之中，从而真正地、彻底地完美实现将"教书"与"育人"融为一体。

五、方式的启发性

教学语言的启发性是现代教学法所倡导和追求的目标之一。它的好处很多，如激发学生学习的兴趣，促进学生积极思考，提高学生学习的自觉性和主动性，培养学生的学习能力和活力，造就学生的进取精神，活跃课堂气氛等。有这样的一个比喻，它形象地说明了启发性的含义：如果把知识比作果实的话，那么"教师不把果实塞到学生的嘴里，也不把果实放在学生手里或伸手就能够到的地方，而把它挂在学生跳起来才能够得着的位置，让学生自己费点神去摘取"。教学语言的启发性的关键在于把握"引而教"和"求而学"的原则和要求。"引而教"是指教师不把知识全部正面地从头到尾塞给学生，而是在教学中引导学生从一定的基础上自己思考得出结论，掌握要领。"求而学"是指学生在教学语言的激发下产生出求知欲和主动性，目的明确地进行思考和学习。教学方式的启发性得以实现的途径有五点：

（1）巧问，就教学内容的展开提出各种问题；

（2）巧点，恰当地点拨；

（3）巧停，在关键的地方故意停顿；

（4）巧示，巧妙地暗示；

（5）巧例，精当地举例。

综上所述，具有较高的课堂语言艺术不是一件很容易的事，也不是一件"高不可攀"不能办到的事，这是我们教师一直需要探讨的问题。只有不断探索、不断创新，才能逐渐走向完善、走向成功。爱因斯坦说："能培养出独创性和唤起对知识的愉悦是教师的最高本领。"因此，掌握课堂教学的语言艺术对一名教师而言是非常重要的。能否掌握好课堂教学的语言艺术也是能否成为一名优秀教师的重要条件。

第十章 课堂教学的调控艺术

教学是教师与学生的双边活动。教学是一门艺术，更是一门科学。课堂教学的调控指在课堂上教师为获得最佳的教学效果，运用控制论的原理，根据学生的反馈信息，对教学内容、方法和过程等做必要、恰当、适时的调控。教学效果的优劣，在很大程度上取决于教师对教学活动的调控能力。探索教学系统的控制规律，按规律进行教学，是提高教学质量的必由之路。

第一节 课堂教学的调控内容

一、调控教学目标

教学目标是教学系统的核心要素。每一节课，每一个教学层次（单元），教师都应该有明确、具体的教学目标。

（一）确定教学目标

教师应明确一堂课传授什么知识，学生应掌握什么内容，达到何种程度。要求过高会挫伤学生学习的积极性；要求太低会阻滞学生智力的发展。所以，要把教学目标控制在学生的最近发展区，以促进学生思维的发展。例如，"百以内的加、减法口算"这部分内容，第一节课的教学目标可确定为让学生学会两位数加、减一位数（不进位、退位）的计算方法，掌握相同数位上的数相加、减的算理，并引导学生类推出三位数加、减一位数的方法，培养学生开拓知识的能力。

（二）调控教学内容

教学内容是一个完整、有序、发展的体系。每一层次的教学内容都必须围绕教学目标的实现来安排，排斥与目标无关的内容。教学中，教学内容总是经过分解而分散在各课时中进行传授的，教师应在全面统筹的基础上，合理安排每节课的教学内容。所以，课堂教学必须交给学生一个科学合理的知识结构，让学生掌握规律，得到终身受益的本领。把握了教学内容主要的、本质的东西，每堂课的教学目标也就能做到集中、具体、确切，把有限的40分钟用到完成核心的教学任务上。

（三）调控教学过程

教学过程是教师与学生间的信息流通过程，是以实现教学目标为目的的教学信息控制过程。它归根结底是学生的认识发展过程，教师要及时了解学生学习活动的情况，应注意效果的检测，收集信息反馈，及时处理反馈信息，及时发出控制信息，以便发现问题及时调整教学措施，务求教学目标的全部实现。教学过程的调控最终要体现在学生学习过程的自我调控上。教师必须对来自学生的反馈信息反应敏锐、判断准确、评价及时。

二、调控教学时间

一节课的内容，应在40分钟内完成。教师要根据课的类型，学生生理、心理特点，适时调整教学过程，合理分配教学时间。整个学期的教学目标，应在九年义务教育教学大纲规定的时间内实现，决不能靠"加班加点"来实现。因此，要不断改进教学方法，提高40分钟的教学效率。在教学单位时间内，学生能够学习的知识量，各个年级是不同的，即使是同一年级在不同时期或不同班级也不尽相同。例如，一年级新生，认识"十以内的数"时，一般一节课控制在1～2个数为好。第二学期认识"百以内的数"时，能在一、二节课中完成。而到了二年级认识"万以内的数"，学生可利用已有知识来学习，只需揭示读、写数的规律即可。显然，知识量是逐步增加的。教学时间的控制，主要是防止时间过紧或过松。控制的方法是在安排教学时准确估计所用时间，略微留有余地。

三、调控学生的练习作业质量

练习作业是教学的重要环节，客观存在不仅有助于学生巩固和应用基础知识，而且有助于学生智力的发展和能力的提高。练习作业不能以量取胜，而应以质取胜，所以调控学生的练习作业时，应注意：

（一）质的控制：练习作业须有针对性、启迪性，使每一道习题都能练有所得。这就要注意习题的难度，既不能太难，也不能太易，还可以根据不同层次的学生，设计不同层次的练习。练习作业的布置，教师要精心设计。练习作业设计一定要目的性强，要围绕教学目标，有助于巩固基础，突出重点，突破难点，发展学生的思维能力。在开始时可以做一些低难度的练习，使不同程度的学生都能掌握基本的知识和技能，中间应以基本题为主，最后可以在练习中孕伏渗透后面将要出现的知识内容，以降低后续学习的坡度，使学生对知识的消化循序渐进，层层加深，促进学生智力的发展。

（二）量的控制：应以少胜多，切忌搞题海战术。课外作业应严格控制在教学计划规定的时间内，要真正做到减轻学生过重的课业负担，否则会造成学生怕学、厌学，影响完成作业的质量效果。

四、调控学生的学习过程

学生学习过程的控制是教学成功与否的关键所在。一个完整的学习过程，实质上就是学生吸收信息并输出信息，通过反馈（评价）知道正确与否，并进行自我调控的过程。当教学过程与学生认知规律相符时，就能充分激发学生的学习兴趣，较好地理解知识内容，达到预定的教学目标。如果学习过程违反认知规律，教学效果肯定不好。教师要把学生的学习过程分为三个阶段：观察、体验、感知；思考、归纳、抽象；应用与开拓。教师应根据教学经验，对学生学习过程中可能出现的错误思想或可能产生的学习障碍，采取相应的对策，防止错误思想的形成，扫除学习障碍。例如，学生认识圆周率 π，先让学生每人准备一些线和大小不等的圆纸片，上课时让学生用线在纸片圆周绕一圈，再将所得的线拉直，去度量该圆的直径，学生就会发现不论圆的大小如何，周长总是直径的三倍多一点，从而得到了 π 的近似值。教师再说明历代数学家的研究测定，π 的近似值约是3.14。学生理解了圆周率的知识后，让他们去计算圆的周长，并解决具体问题，这就符合学生的认知规律，可获得较好的教学效果。

综上可见，教师要对学生的认识活动过程进行实际跟踪，及时了解自己所输出的信息，哪些已经达到了教学目标，哪些还没有达到教学目标，教学的难点是什么，等等，以便在教学过程中适时进行教学调控。此外，教师还要对学生的学习情绪、智力与非智力因素情况做到心中有数，以便因材施教。

第二节　课堂教学的调控方式

教师自觉地运用"控制论"的原理，对课堂教学实施有效的调控，使课堂出现张弛有致、意趣盎然的教学格局，整个教学流程呈现出预定的、有序的、最佳的调控态势，这是现代教学的显著特点之一。在地理课堂教学中，常用的调控方式有以下几种。

一、教法调控

课堂教学的调控机制，在很大程度上就是刺激学生集中注意力，调动学生的学习积极性。从美学的角度讲，引起人们审美注意的一个重要因素，是客观对象的新异性和多样性。因而，课堂教学方法是否新颖、是否多样，也是决定能否有效地实施地理课堂教学调控的重要因素之一。

运用教学方法对课堂教学加以调控，首先，教师要克服教学方法模式化的倾向，追求教法的新颖性，以新颖的形式激发学生的求知欲，使之保持稳定的注意力。当前，课堂教学要一改教师讲、学生听的"注入式"陈旧模式，建立以学生主动参与活动为主的新模式，确实把学生置于教学的主体位置。教师不能越俎代庖地代替学生学习，而是重在诱导、引导、指导，让学生积极活动，主动参与，真正成为课堂的主人。教师引路，学生走路，使学生在教师的指导下，通过自学、思考、讨论、训练、实践等多种学习活动，独立地获得知识，培养能力。

其次，教师不能总是固守某种单一的教学方法，堂堂用、年年用，而要追求教法的灵活性和多样性，以不断变化的信息去刺激学生的接受欲望，使之形成持久的注意力。教学实践证明，呆板的、千篇一律的教学，即使是一种较好的教学方法，教师久用而不变其法，学生也会感到索然无味，学习情绪低落。反之，教师如果能够根据地理教学内容和教学对象的特点，选择和运用多种教学方法，就会使学生兴趣盎然，学习热情兴而不衰。总之，地理教学方法只有符合学生的心理特征和认识规律，才能对地理课堂教学具有稳固的调控功能。

二、兴趣调控

兴趣是指人们积极探究某种事物和爱好某种活动的心理倾向，是推动学生进行学习活动的内在动力。当学生对学习产生兴趣时，总是积极主动，乐此不疲。因而，如果教师能激起学生浓厚的学习兴趣，以趣激疑，以趣激思，那么，课堂教学的主动权将牢牢地掌握在教师的有效调控范围内。

心理学认为，好奇心是学生学习兴趣的内因之一。例如，地理知识内容丰富多彩，上至天文，下至地质，近及家乡，远及全球。在地理教学中，揭示地理知识中的新异之处，可使学生猎奇喜新的心理转化为学习兴趣和求知欲望。教师要善于挖掘教材内在的吸引力，或以生动形象的语言，向学生描述绚丽多姿的地理事物和现象；或采用直观手段，在学生面前展示无奇不有的大千世界，或创造地理意境，把学生带入"想象"的王国中探索，以满足学生的心理需求，激发学生的学习兴趣。同时，要注意不能停留在走马观花、浮光掠影的浅表，而应引导学生对地理事物和现象加以分析比较，揭示其间的共性与差异，进而探索其所以然，深化学生的学习兴趣。教学中也可适当联系地理学科的新资料、新发现、新理论、新问题，如南北极考察、太空探索、外星文明、厄尔尼诺现象等，使学生产生耳目一新之感，从而提高学生的学习兴趣。

在教学中，教师声情并茂的形象讲解而带来的情趣，事理充实的严密论证而产生的理趣，诙谐幽默的生动阐释而形成的谐趣，既可以激发兴趣，启迪思维，又能使师生之间的感情得以充分的交流，使课堂气氛处在教师预定的控制之中。

三、语言调控

语言是人们交流思想感情的工具。在地理教学中，知识的传播，思维的引导，认识的提高，能力的培养，处处都需要通过语言这个载体来实施。地理教学无论用什么形式和方法，都离不开教师的语言。因此，对地理课堂教学的有效调控，在一定程度上取决于教师的语言组织和表达能力。

教师的教学语言应当准确科学，符合逻辑，遵循语法，通俗流畅，学生才能乐于接受，易于理解，印象深刻；教师的教学语言应当简明扼要，内容具体，生动形象，富有感情，才能集中学生注意力，激发学生学习兴趣，调动学生学习积极性，教师的语言还要语音清晰，音量适度，语速适中，有节奏感，音乐性浓，才能增强语言的吸引力和感染力，提高课堂教学效果。教师在地理教学中要讲究语言艺术。描述地理事物和现象时，要生动形象，造成一种地理意境；讲解地理概念和原理时，要严密准确，深入浅出，化抽象为具体；总结地理规律时，要抓住要领，编成口诀，言简意赅；讲述重点时，可提高音量，减慢语速，适当重复；学生注意力分散时，可暂时变换声调，几句幽默，提醒注意；突出思想教育时，要富于感情，声情并茂，使学生受到感染。这样，通过教师严谨生动、流畅优美的艺术语言，牢牢地控制学生的注意力，时而将他们带入神秘的境界，时而将他们引入宁静的遐想，时而将他们引向思维的浪峰，使整个地理课堂教学处于一种张弛有致、跌宕起伏、生动活泼、饶有趣味的良性运作状态。

四、情绪调控

教师的情绪直接影响着学生的情绪，是影响学生注意力最敏感的因素之一。学生学习情绪的高低，课堂气氛活跃与否，很多时候是与教师的情绪同步的。因此，教师在地理课堂教学中，要注意将自己的情绪调整到最佳状态。

首先，教师在课堂上始终都应该情绪饱满，精神抖擞，目光有神，满怀激情，对上好课充满信心。这样，学生势必就会潜移默化地受到教师这种激情的感染，精神振奋，情绪高涨。如果教师上课无精打采，情绪低落，两眼无神，则学生也将会情绪低落，甚至睡意蒙眬，对于教师的讲授听而不闻。其次，教师在讲解不同的教材内容时，应该表现出不同的神情。用热情自豪的神情讲祖国的风景秀丽、资源丰富，用严肃忧虑的神情讲当前面临的环境、人口等问题，用充满信心的神情讲祖国未来的前景。这样，学生就会情不自禁地与教师的喜、怒、忧、乐发生共鸣，达到"未听曲调先有情"的境界。

教师的最佳情绪状态，是学生产生最佳心理状态的先决条件之一。教师上课时进入"角色"，以饱满的、愉快的、积极的情绪投入地理教学，真正用情去讲授，不仅可以为学生创设一种良好的学习情境，而且使学生受到教师情绪的感染，将全身心投入学习中去。在这样轻松、愉快、和谐的教学氛围中，教师教学生动活泼，思路流畅；学生学习情绪饱满，思维活跃。整个课堂教学便处在教师积极主动的情绪调控之中。

五、反馈调控

信息反馈是课堂教学的关键环节。传统教学方法把学生看作接受信息的容器，教师讲、学生听，是单一的信息输出式课堂结构。教师输出的信息量大，而学生反馈的信息源少，教师对学生的学习情况心里没底，教学过程的调控也往往处于盲目状态。因此，要对课堂教学实施有效的调控，必须改革教学方法，加强教学信息反馈。

在教学过程中，教师要改变唱独角戏、满堂灌的做法，重视学生的主动参与意识，师生共同活动，做到有启有发、有讲有练，善于创设信息反馈的教学情境，开辟多种信息反馈的渠道。通过提问、讨论、练习等多种方式，及时从学生那里获得反馈信息，并做出简洁、精辟、深刻的分析，从中了解学生对教师输出的知识信息接受和理解的程度，哪些已达到了目标，哪些还有差距，及时调控教学进程，调整知识信息的再输出，扬长救失，亡羊补牢。同时，教师还要善于及时捕捉学生的听课情绪、神态等间接的反馈信息，透过学生的眼神、情态去识别他们那丰富的表情语汇，透视出他们那灵活跳跃的思想火花，从中推测和判断他们对教师输出的知识信息是否理解、满意、有兴趣、有疑问，进而迅速调整教学措施，并将教学继续引向深入。

教学实践证明，只要教师重视和强化教学反馈功能，创设种种情境，采用多种形式诱导学生做出及时反馈，并善于利用学生的反馈信息，因势利导，及时调控教学进程，就能够把教与学有机地统一在一个最佳的程序之中，就能够使地理课堂教学收到满意的效果。

六、机智调控

在课堂教学过程中，往往会遇到来自自身、学生和外界的意想不到的偶发事件。对于这些偶发事件，若处理不当，就会影响正常的教学秩序，甚至会导致一堂课教学的失败。因此，教师应具备一定的教学机智，做到临"危"不乱，处变不惊，快速做出反应，当机立断，及时采取适当的处理措施，化被动为主动，有效地调控课堂教学。

课堂教学是师生的双向活动，有时学生会提出一些意想不到的问题，教师乱答不行，不答也不行，如何处理呢？这就要靠教师的教学机智了。如果是稍加考虑就能解决的问题，不妨先把问题抛给学生："这个问题提得很好，有谁能回答吗？"教师迅速利用这个"时间差"，调整思路，寻求正确答案。如果问题难度太大，教师暂时无法解决，也可说"这个问题三言两语讲不清楚，为了不占用这堂课的教学时间，下节课我们来共同探讨"。这样，教师可争取课后的时间查资料解决。总之，教师运用教学机智，随机应变地巧妙处理课堂上的突发事件，也是一种对课堂教学实施调控的教学艺术。

第十一章　课堂教学的结课艺术

结课是整个课堂教学过程中极为重要的一个环节。在这个环节里，教师不但要对所授知识或教学内容进行梳理、定型、概括、深化，又要对整个课堂教学情况做出科学的总结和评价，有时还要与后面的教学建立某种联系，进行适当的沟通。此外，从现代心理学的角度分析，当课堂教学进入结尾阶段，正是学生感到精力最疲倦、注意力最容易分散、效率最为低下的时候。这时，最需要介入有效的刺激来保持学生学习兴趣的连续性。因此结课与课首应能做到相呼应，有始有终，使整堂课浑然一体，要对教学效果起到一定的促进作用。

第一节　课堂教学结课的原则

一般来说，要搞好课堂教学的结课，体现出其科学加艺术的效果，必须遵循以下原则。

一、水到渠成，过渡自然

课堂教学的结果是一堂课结束的自然体现，不是硬加上去的。因而在进行课堂教学时，教师要依靠课前的设计，导入、讲授要严格执行计划，并有意识地照顾到课堂教学的结课，有目的地调节课堂教学节奏，使课堂教学结课时做到水到渠成，自然妥帖。要避免出现两种现象，一是课堂教学节奏过快，结课时留的时间过多，学生无事可做，教师只好胡乱布置一些杂事，搪塞过去完事；二是课堂讲授内容过多，这边打铃下课了，那边还在讲课，然则时间已到，最后只好三两句话仓促结束。学生既无法当堂回顾所学内容，更无法消化。这两种做法都是不妥的。正确的做法一般是在打下课铃前二三分钟结束讲课，然后带领学生回顾一下当堂所学内容，布置课后作业。如果作业需要当堂完成，结课的时间就要提前一些。

二、照应开头，结构完整

写文章一般要注意首尾照应，结构完整，课堂教学也应如此。结课时要适当照应开头，给学生一个完整的感觉，不能有头无尾，或"头"大"尾"小，或"头"小"尾"大。

三、语言精练，干净利落

这一点同课堂教学开头导入的要求相同，即结课时语言一定要少而精，要紧扣当堂的教学中心，干净利索地结束全课，避免拖泥带水，否则就会给人以淹没主题的感觉。

四、梳理归纳，画龙点睛

课堂教学结课时一定要注意梳理一下当堂所讲的知识，然后归纳总结出几个要点。当然，这里的归纳总结，不是对课堂讲授内容的机械重复，原样照搬，而是画龙点睛，提炼升华，或揭示课堂讲授的中心，或归纳所讲知识网络结构，使学生对课堂所学知识有一个既清晰完整又主题鲜明的认识。

五、内外沟通，存疑开拓

在课堂教学结课过程中，不能只局限于课堂本身，要注意课内与课外的沟通，学科课程与活动课程、校本课程的沟通，还要注意给学生留有思考的问题，以便培养学生的创造性思维能力，使学生成为创造型人才。

第二节　课堂教学结课的功能

课堂结课是新授结束时，以精练的语言，通过归纳总结、实践活动、转化升华和设置悬念等方式，对所学知识和技能及时地进行系统巩固和运用，使新知识有效地纳入学生的认识结构中的过程。完善、精要的结尾，可以使课堂教学锦上添花，余味无穷。

一、加深印象，增强记忆

结课可以将本节课的中心内容加以"画龙点睛"，总结归纳，提纲挈领地加以强调、梳理或浓缩，使学生将学到的新知识技能理解得更加清晰、准确，抓住重难点，记忆更牢固。

二、知识系统，承前启后

知识间有严密的逻辑性和系统性，新旧知识有必然的内在联系。通过结课帮助学生将所学知识系统化，形成知识网络。在总结中为新课创设教学意境，埋下伏笔，使前后内容衔接严密，过渡自然。

三、指导实践，培养能力

新课结束后，有针对性地做一些练习或提出具体的课外实践活动，对提高知识的运用巩固、培养学生分析解决问题的能力是大有裨益的。

四、质疑问难，发展智力

课堂教学时间是有限的。结课时结合教材内容提出一些有争议的问题和一些技能训练，让学生课后观察思考探讨，既可以扩大知识视野，又发展了他们的自学能力、思维能力、想象力和观察力。

五、及时反馈，改进教学

教师设计一些练习、实验操作、回答问题、改错评价等活动，从中及时了解学生学习中的困难和对知识掌握的程度，以便改进教学。

第三节　课堂教学结课的艺术特点

常言道："善始善终"，只有这样才算一堂优质课。良好的开头虽然是成功的一半，但完善精要的结尾，犹如"画龙点睛"，会使课堂教学再起波澜，从而取得"课虽尽而趣无穷、思未尽"的效果。由此，精心设计结课这一教学环节，对于良好课堂教学效果的巩固，有着举足轻重的作用。

一、"山穷水尽""柳暗花明"——诱发想象

根据中小学生喜欢幻想、想象、好奇心强的心理特点，在结课时，先诱导学生展开丰富的想象，创设良好的课堂教学氛围，然后话锋突转，制造悬念，让学生有一种"山穷水尽"的感觉，进而巧妙地引导学生进入课外阅读。通过阅读让学生自己寻求问题的答案，又达到"柳暗花明"的目的。

例如，教《琥珀》一课结束教学时，教师适时出示一幅琥珀的精美挂图，其用意是让学生回忆文章有关的句子和想象琥珀形成的过程，使学生既能感受到含蓄、隽永、耐人寻味，又能有效地增强学生学习的兴趣，培养了学生的想象力，提高了学生的思维能力。

这样的结课，既加深了学生对新课的理解，培养了学生的想象力，又能将学生引入到课外阅读领域，扩大了学生的知识面。

二、因势利导，概括总结——培养能力

当课堂教学的重难点解决后，教师可结合课文，用归纳结尾的方式引导学生以准确、简练的语言，对所学内容做概括、总结。可以归纳课文的思想内容、写作特点。一方面可培养学生的概括、总结能力；另一方面可以加深学生对学习内容的理解，使学生对课文的主要内容有明晰的了解，提高教学效果。如在讲授《桂林山水》的结尾时，师问："这篇课文重点写的是什么？（桂林山、水的特点）作者写桂林山、水的目的是什么？（热爱桂林山、水的感情）"然后教师让学生归纳总结，生答："作者通过描写桂林山、水的美景抒发对祖国山河的热爱之情。"这样言简意赅地抓住课文的精髓进行归纳式的结尾，虽只几句，但思想内容和艺术特色的归纳、总结都完成了。

又如教学《一夜的工作》，可在总结课文内容的同时引导学生说自己的感受，教师："作者看了总理一夜的工作后，他是怎么想，怎么说的？而你又想对总理说些什么呢？"学生满怀深情地说："总理，您辛苦了，可要保重身体呀！""总理，您为人民日夜操劳，我们怎能不感动呢？我们一定会好好学习，将来报效祖国！"再如，教《威尼斯的小艇》时，这样结课：师问："夜深了，威尼斯就要沉睡

了，我们的旅行也该结束了，这次的旅行你们有哪些收获？"生答："（各抒己见）通过学习，欣赏到威尼斯独特的水城风光；了解了威尼斯小艇的样子和作用；学到了作者抓住事物特点进行写作的方法。"等

三、设置悬念，启发思维——激励预习

一般，教师都比较注意在某一节课内各环节间过渡语的应用，但对于单元与单元、课文与课文、一节课与一节课之间内容的过渡缺乏关注。有经验的教师不仅注意到这些问题，还特别注意在同一篇课文内不同课时之间创设结束语，巧妙设置悬念，提出一些富有启发性的问题，以激发学生的求知欲望，并为下节课的开讲创造条件。

例如，教师在讲授完人教版四年级下册第26课《全神贯注》时，可以这样设计课堂收束："做事要有执着的态度和全神贯注的精神，培养一丝不苟的作风。罗丹差一点儿把朋友锁在自己的工作室，但他成了闻名世界的大艺术家。有这么一位聋哑青年，他作画时全神贯注，一丝不苟，金鱼游到纸上了。"这样的收束，能紧紧抓住学生的好奇心理，在学生的心里激起悬念，诱导着学生去阅读后面的故事情节，为下一课时《鱼游到了纸上》的教学做好了铺垫，并使前后课时互相关联，形成一个整体。

四、归纳总结，画龙点睛——提高认知

当课堂教学的重难点解决后，教师可结合课文，用归纳结尾的方式引导学生以准确、简练的语言，对所学内容做概括、总结。可以归纳课文的思想内容、写作特点。一方面可培养学生的概括、总结能力；另一方面可以加深学生对学习内容的理解，使学生对课文的主要内容有明晰的了解，提高教学效果。

通过引导学生对课文内容、思想感情、写作特点等方面的知识进行归纳和整理，较好地体现了学生自主学习的过程。同时，也能让学生在交流与合作中感受到了思维的愉悦和乐趣。

五、鼓励阅读，培养习惯——发散思维

中小学生具有喜欢幻想、好奇心强等心理特点。因此，教师应积极引导学生进行发散思维，进而主动地进行课外扩展阅读。

例如在人教版六年级上册第17课《少年闰土》最后结课时，教师提示说："同学们，'我'和闰土少年时结下了深厚的友谊，离别时难舍难分。在经历三十年后，我们又相见了。这时我们又怎样呢？"之后，让学生大胆猜测。在一些学生发言之后，教师进行总结："大家说得很好，想象也很丰富，可惜都想错了。三十年后，闰土见了'我'就喊'老爷'，这是怎么回事呢？大家想知道吗？请同学们课后到学校图书馆借阅鲁迅的小说《故乡》就明白了。"

这样的结课，既加深了学生对课文的理解，培养了学生的想象力，又能将学生引入到课外阅读领域，扩大了学生的知识面。

六、表演游戏，寓教于乐——激发兴趣

有时因为一堂课的容量比较大，节奏比较快，学生的身心已感疲劳，或者由于课文的内容较为平淡，学生缺少兴趣，这个时候如果教师只是用提问、复述、练习等单调的方式来巩固、复习所学的知识，教学效果是无法保证。教师应考虑采用轻松活泼的形式，例如，用表演游戏来进行结课，往往能达到意想不到的好效果。

例如在人教版六年级上册第4课《索溪峪的"野"》最后结课时，就可以选择"开心家乡游"游戏，先让全班学生当旅游团成员，请一位同学当张家界索溪峪的导游，要小"导游"把课文改编成导游词，根据课文描述的景点——一线天、百丈峡、十里画廊、西海峰林等进入情境，依次向全班同学做介绍。同学们可以旅游团成员的身份向"导游"提问题，由"导游"解答。如果"导游"答不出，也可以请老师或能回答的同学作答。这样的创造性教学游戏，不仅可以训练学生在内化课文语言的同时，根据表演的需要，创造性地组织语言的表达，而且可以充分体现学生对交际语言的学习和运用。

第四节　课堂教学的结课方法

讲课如同写文章一样，结构布局非常重要。一堂生动的课，也应该讲究教学结构的安排，它不仅要有良好的开端，而且更应该讲究教学结构的安排；它不仅要有良好的开端，而且更应该有耐人寻味的结尾。结尾的好坏也是衡量教师教学艺术水平高低的标志之一。一位高明的教师，常把最重要的、最有趣的东西放在"末场"。越是临近"剧终"，学生的注意力越是被情节吸引，激起对下一次教学的渴望。同时给学生以启发引导，让他们的思维进入积极状态，主动地求索知识的真谛。以下是笔者在教学中的一些拙见，仅供同仁借鉴，希能提出宝贵的意见。

一、归纳式结课法

用准确简练的语言，提纲挈领地把整个课的主要内容加以总结概括，给学生以系统、完整的印象，促使学生加深对所学知识的理解和记忆，培养其综合概括能力。总结可以由教师做，也可以启发学生进行总结，教师再加以补充修正。这种结课方式是最常用的方式。

二、悬念式结课法

在教学中，对前后知识有直接联系的新授课，一堂课内不能解释清楚的知识点，不妨设置一个"欲知后事如何，且听下回分解"的悬念来结尾，它能激起学生求知欲。如"食物的消化和营养物质的吸收"一节结束时，学生已了解到吸收的营养物质运输给细胞。这时可以这样结课：你们经常吃羊肉、猪肉、鱼肉，但为什么你们身上没有长出羊肉、猪肉、鱼肉？人体又是如何利用吸收来的营养物质？这些营养物质在人体内发生了怎样的变化呢？这样学生的学习欲望被诱发出来，并告之学生这些问题将在下一章中解决。学生为了寻根问底，会主动预习课文，为下一章学习打下基础。

三、梳理式结课法

讲课结束前，把当堂所讲的内容做一番梳理，把重点、难点再突出强调一下，把知识结构与脉络理清。例如，有的教师在课堂教学结束时，通过谈话法让学生小结：我们这节课学了哪些知识？哪些是最重要、最关键的？还有哪些疑难问题需要提出来？等等。这是一种切实可行的方法。

四、串联式结课法

在几节或几章学完后，用串联式结尾将所学的旧知识进行比较牵线，使前后知识贯通，融为一体。如学完"神经调节的结构基础"后，联系灰质、白质、神经中枢等概念，比较脊髓、大脑、小脑、脑干的结构，掌握其灰质与白质的分布功能，使其了解其相似性。这样及时回头串联，一方面使知识在大脑中形成一系统网络；另一方面减轻了学生的学习负担，加深了印象，增强了记忆。

五、呼应式结课法

课堂教学结束时呼应开头提出的问题，以便给学生一个清晰、明确的答案。如在阐述设疑导入法时曾举例说，讲《花为什么这样红》可设问学生：桃花、杏花、芍药等为什么呈现出红色？讲完后可以回应一下这个问题，使学生有一个前后照应、结构完整的感觉。

六、问题式结课法

一堂课结束时，相当一部分学生对所学的知识似懂非懂，知其然而不知其所以然。一旦应用就容易出错。那么怎样才能使学生学有所用，使知识得以理解巩固呢？通过问题式结尾可以解决这一难题。如学完"神经调节的方式"后，留这样一组思考题：①小孩第一次打针，会哭起来。②小孩看见针就哭。③小孩看见医生就哭。④小孩听说打针就哭。这四例各属于什么反射？有何区别？学生通过对这些问题的探讨，使所学的知识得以理解，并进一步巩固了知识。

七、沟通式结课法

所谓沟通结课是指相关的知识结构之间、相关的学科知识之间的横向联系。如讲完一篇议论文，结束时可与相关的记叙文或说明文比照一下；讲完行程、溶液等应用题解法时，可与有关的物理、化学知识相对照。

八、口诀式结课法

如学生在学完"二十四节气"后，教师把主要内容口诀化：
春雨惊春清谷天，夏满芒夏暑相连。
秋处露秋寒霜降，冬雪雪冬小大寒。

每月两节日期定，最多相差一两天。

上半年是六、廿一，下半年是八、廿三。

教师把所学零散知识经过整理总结出的口诀，不仅朗朗上口，便于记忆，而且能激发学生的学习兴趣。

九、提炼式结课法

如果说概括中心是对讲授内容进行概括、总结，那么，提炼式结课法就是对讲授内容进行挖掘、提炼，以揭示其深刻的内涵。如有位政治老师讲完"科学发展观"内容后，末尾阐述了"科学发展观"对马克思主义理论的新贡献，这样就使所讲内容升华到一个新的高度。

十、抒情式结课法

有位生物老师在讲完"绿色植物的光合作用"后，是这样结课的：绿叶有一种精神值得我们学习，冬天，特别是北方的冬天，寂寞而苦闷，当有一天枝头上出现了一点嫩绿，它改变了一切，绿叶作为春的使者而诞生，为我们带来了欣喜和希望；夏日，绿叶的蒸腾作用有利于植物运输水分和无机盐；而光合作用又源源不断地制造有机物，为植物提供养分；秋天，绿叶怀着眷恋与不舍离开了母亲，但落红不是无情物，化作春泥更护花，绿叶的一生都在奉献，所以建议同学们写一篇《绿叶赋》赞美绿叶，讴歌无私的绿叶精神。

一段充满人文气息的结尾，动听而煽情，在小结绿叶的蒸腾作用和光合作用意义的同时，又延伸出更深、更远的教育内涵。

十一、激励式结课法

在生物科学研究发展中，还存在着许多未解之谜。在新课结束时，可联系与本课有关的问题，用激励的话语来激励他们学好生物课。如学完"光合作用"后，可以让学生了解有关光合作用还有许多秘密尚不清楚。如果光合作用的奥秘一旦被破译，那么我们人类就可以自建工厂，人工制造粮食，再也不需要种田了，这对农民是一种何等的解放和贡献！同学们正处在青年时期，风华正茂，有志于此者，真是大有作为啊！这样的结课，能不让学生热血沸腾吗？在生物课堂教学结课时，教师有意识多向学生介绍些生物与疾病、食物、能源、环境、资源等关系及存在的难题和未解之谜，这样不但激发了他们学习生物课的兴趣，而且培养了他们攀登科学高峰的进取心。

十二、填表式结课法

课前预先设计好表格，结课时出示表格，让学生根据课堂学习内容进行填写。如讲授解放战争三大战役时，可预先设计好三大战役填充表，分时间、地点、歼灭敌军人数等栏目填写，可以加深学生的印象，提高课堂教学效率。

另外，课堂教学的结课方法还有图示式、游戏式、故事式、猜谜式、音乐式、观察式、探索式、巩固式、抢答式、讨论式等。总之，结课无定法，妙在巧结中。因此，每一位教师都应从教学的实际需要出发，重视并进行课堂教学结课艺术的学习与研究，不断总结创造及运用课堂结课方式，提高课堂教学结课艺术水平。

第十二章 课堂教学的应变艺术

课堂是一个灵活的空间，教学是一个灵活的过程，学生是一个个灵活的个体。所以在课堂教学中，一切都应随时应事而作，随机应变的艺术是一个教师必不可少的素质。"随机应变"本是一种艺术，其含义是对眼前的景物有所感触，临时发生兴致而创作，从而达到出乎意料的艺术效果。多年的教学生涯，使笔者对语文随机应变教学的理解是，语文教学中，把握不同时段环境、教学进程、学生动态等的变化，有目的地进行变通，从而创造性地实施教学，才能使教师与学生之间的心理达到沟通、融会、共振状态，最终完成教学任务，提高教学效果，甚至收到预想不到的良好教学效果。

第一节 应变艺术的重要作用

一、新的课堂教学的必然要求

"新课标"要求我们在实际教学中，既要机智地驾驭课堂，灵活处理突发事件，又要不失时机地对学生进行情感价值观的教育。"非预设性教学"是新课程课堂教学的最重要特征之一。语文课堂教学是一个动态变化的过程，教师面对的是个性迥异、聪明好奇的教育对象，因而教学中难免出现意外的变化，甚至会出现一些干扰教学的不协调因素。如何有效地把教学过程中的"节外生枝"现象，凭借灵活的手段使课堂教学信息迅速获得最优化的传递与转换，从而使课堂上的意外转化成教学中宝贵的课程资源和财富，这是新课程背景下在倡导真实、鲜活的课堂活动过程中必然遇到的问题。

二、激发学生思考的有力手段

"浇树要浇根，教人要教心"，只有教师与学生进行真诚的心与心的、情与情的交流，才能更好地拓展学生的思维。我们的教学需要的正是师生的智慧和全身心投入的状态，师生们沉浸其中，真正把教和学融入自己美好的人生之中，感受教育之魅力，关键在于教师要有一颗求异的心，要在课前细致地预设。如果我们习惯于用一个标准去要求学生，只会把学生的创新意识扼杀在萌芽状态。在我们的实际课堂教学中，做到适时调整预设，充分尊重学生的想法，那么课堂上出现的"节外生枝"就会成为学生的思维花朵，更会成为学生在课堂上生命之花的涌动。

三、灵活地把握课堂教学的动态

课堂就像一个小世界，每节课都免不了要发生这样或那样的突发性事件，教师和学生时时都可能受到这样或那样的触动或是干扰。但对于一个有经验的语文教师来说，他能够敏锐地发现偶发事件中的积极因素，通过巧妙的处理，化被动为主动，化平凡为神奇，将一些看似与教学过程毫无关联的成分，有机地组织到课堂教学中来，从而使学生会心一笑，或有所感悟，或产生联想，或得到知识，或受到启迪。

第二节　课堂教学偶发事件的类型

有经验的教师都会知道，在课堂教学过程中会出现一些不可预知的偶发事件，这对于学生的注意力和教师的组织教学有着重大影响。对偶发事件类型进行归纳总结，对提高课堂教学的应变艺术有着重要作用。

课堂教学过程中偶发事件的常见类型有：

一、外扰型

课堂教学不是封闭的，它与外界环境有着千丝万缕的联系。尽管随着普及九年义务教育的不断推进，学校教育教学环境有了翻天覆地的变化，但还是不能完全隔断外界的干扰。比如，教室里正上着课，忽然室外一辆机动车飞驰而过，必然会引起学生的无意注意。再如，某位老师正在上课，几只麻雀作为"不速之客"闯进教室，惊慌得飞来飞去。某农村中学老师上课过程中，出现一位老奶奶来找孙子，等等。

二、困扰型

课堂教学过程中，常常会有这样的情形：由于教师口齿不清，或者由于教师准备不够充分，对某些内容讲不清，道不明，学生听不懂，于是你看我，我看你，互相观望，或者喊喊喳喳小声议论，使教师"挂"在黑板上。

三、失误型

这是由于教师在课堂上讲解出现失误而引起的。例如，有位教师在讲民族英雄文天祥时，涉及两句诗："人生自古谁无死，留取丹心照汗青。"对"汗青"的解释，这位教师说"汗就是可汗，蒙古的皇帝；青就是青史。汗青就是可汗的青史。"学生听了，心里犯起了嘀咕：文天祥是南宋的爱国将领，举兵抗元，与蒙古可汗是不共戴天的仇敌，有切齿之恨，他怎么能愿意拿自己的丹心去照可汗的青史呢？类似这种失误难免会引起课堂的骚动。

四、分心型

由于有些学生不注意听讲，或者由于教师讲的时间长，学生听得倦怠了，或者由于学生的自制能力差，教师在台上讲课，学生在下边打瞌睡，做小动作，这时教师若提问，他们往往会答非所问，这必然会引起非正常效果。

五、风头型

一个班级有几十个学生，性格迥异，难免有几个爱出风头的。如果平时这个班纪律不强，那么这几个爱出风头的学生往往会向教师发难。他们或在教师讲课时，故意提出一些不该提的问题，有意难为老师；或者在下边与同学打闹、嬉笑，"表现"自己。

六、恶作剧型

有的学生对教师的某些做法不满或抱有成见，在课堂上伺机发泄；也有极个别学生个性品质极差，在课堂上故意捣乱。这样产生的偶发事件都属于恶作剧。

不论哪种类型，课堂教学中只要出现偶发事件、意外情况，势必对正常的课堂教学形成干扰破坏，如果处理不妥当，就会影响课堂教学效果。

第三节　运用应变艺术应注意的几个方面

一、处理好应变教学和教学任务的关系

现在教师行为规范中都有"认真备课"这一条。强调得多了，似乎就排斥了随机应变教学这种做法。其实两者并不矛盾，就看你如何运用了。"随机应变教学"必须在预设的教学框架内，是在认真备课的基础上针对有必要的教学重点难点开展"随机应变教学"，也就是有计划的"随机应变教学"。两者可以相辅相成、相得益彰。

二、应变教学要紧扣教学要求

有人把语文课堂比作散文。"形散"的外在表现就是"随机应变教学"，"神不散"的根本前提就是课堂教学目的。教师调动全部知识与经验，充分开创并利用多种方式的"应变教学"方法，从而使学生在一种既欢快活泼又严而有序且极具文采的课堂氛围中充分掌握课堂所学，为更好实现每堂课所要达到的知识目标、能力培养目标和情感态度价值观的培养目标服务。

三、善于引导应时之"机"而应变教学

列宁说，"真理只要向前跨一步，哪怕只是小小的一步，就会变成谬误"。课堂教学中应变艺术的运用要把握好一个"度"，就是说，"随机应变"并非放纵，"随机应变"要适度，要富有启发性和可接受性，要抑制无益的激情。那些多余的、过头的、无效的、有失

分寸东拉西扯的"随机应变"，不仅不能激发感情、开启心智，反倒会离散学生课堂上的注意力，影响知识的接受和能力的培养。至于那种格调低下、插科打诨式的"随机应变"，则无异于画蛇添足，只能弄巧成拙，大煞风景，败坏学生求知的胃口，破坏课堂的气氛。是否掌握分寸、是否恰到好处，正是"随机应变"教学有无艺术性的重要分水岭。因此，把握好"随机应变"教学的度，不只是个教学方法的问题，而且也是个教学思想问题，应该把"适度"作为"随机应变"教学艺术运用的一条基本原则。

四、以学生为本，开展应变教学

以人为本、以学生发展为中心是现代教育理念的出发点和根本点。"随机应变"教学的依据是课堂情境的突变因素和教师的灵感顿悟，是教育科学的艺术创造，这种"随机应变"或与情感体验有关，或与审美情趣有关，或与德育渗透相关……这就要求"随机应变"教学的内容和方式要有利于学生知识的学习和掌握，有利于学生创新精神和实践能力的培养，有利于学生的个性和才能的发展，给学生提供更加自由、更加广阔的想象和创造的空间。因此，教师在课堂上运用"随机应变"艺术一定要端正思想，切不可以突出自己、表现自己为出发点，将"随机应变"变成自话自说的"独角戏"，更不可借此在课堂上"做秀"，将"随机应变"变成卖弄自己的噱头，哗众取宠。

第四节　　教师运用应变艺术的素质准备

课堂教学中的"随机应变"艺术，说到底是一种应变艺术，是一种教学机智。它要求教师必须具有广博的知识和丰富的经验，在长期积累和反复历练的基础上"妙手偶得"。具体说来，它要求教师具备以下素质。

一、专业知识和文化素养的要求

"要想给学生一杯水，教师必须要有一桶水。"要想让自己的思想成为有源之水，读书学习对与语文教师而言变得重要起来。经常读书的教师，课堂语言是鲜活流畅的，课堂思路是清晰的，而且善于捕捉课堂上瞬间产生的灵感。丰富的知识是一切能力的基础，语文教师要有扎实的语言文学基础理论知识，对中外文学史常识要了如指掌，对各个时期著名作家作品的内容和艺术特点要耳熟能详。在这里特别要强调的是语文教师同时还要具备语文之外的较丰富的社会科学和自然科学知识，了解国内外时事，关注社会人情。教师必须刻苦钻研业务，及时更新知识，要养成勤观察善思考的良好习惯，为"随机应变"教学储备"知识财富"。

二、教学技能的多样性要求

从心理学层面讲，教师课堂上的"随机应变"主要源于松弛和高度的兴奋状态。松弛源于自信，自信源于充实，充实源于积累及其对各种教学技能的自如运用。教学技能包括导入技能、讲授技能、提问技能、板书技能、教学语言技能、组织教学技能、结束技能等。教学技能是"随机应变"教学的载体，因为在随机应变教学中，教师不能不用一至数种教学技能。因此，教师教学技能水平的高低，也决定了他的"随机应变"教学的成败。

三、开拓创新的意识和能力

应变教学突破了某一种传统的或固定的教学模式的限制，体现出教学方法的创新性。传统的教学方法教师运用起来当然得心应手，但要使"随机应变"教学获得锦上添花的效果，要求我们必须富有创造性，对已经驾轻就熟的教学方法必须有所突破，有所创新，注重课程的非设计性、超越性。同时要善于运用求异思维、发散思维，勇于打破常规，善于"急转弯"，善于营造充满情趣的课堂教学气氛。

应变艺术是教师深厚的专业功底、丰富的教学技能和良好的心理素质相互融合的集中表现；既要有敏锐的观察力，也要有丰富的想象力；既要有敏捷的思维能力，还要有完美的表达能力。在教学过程中，只有不断地学习，不断地反思，才能使课堂教学这朵奇葩开放得更加艳丽，从而为课堂教学增添更多的活力和魅力。

第五节 课堂应变艺术的主要方法

课堂教学应变艺术是一种比较高超的艺术。由于课堂上很多偶发事件是难以预料的，所以应变时必须因势利导，随机应变，其方法技巧应随着情况的不同而不同。

一、幽默法

针对学生的"责难性"问题、"攻击性"问题、"挑衅性"问题，教师要根据学生的发难方式，幽默地、体面地、不伤大雅地予以还击。还击时，发挥摧枯拉朽的威力，在笑声中揭露其行为或言论的实质。如一位教师走向教室，刚刚推开虚掩着的教室门，忽然一只扫帚掉了下来，不偏不倚，正好打在教师的讲义夹上，课堂上一片哗然。这分明是学生干的恶作剧，可这位老师并没有大发雷霆，而是轻轻地拾起掉在地上的讲义夹和扫帚，自我解嘲地笑着说："看来我工作中的问题不少，连不会说话的扫帚也走上门框，向我表示不满了。同学们，你们天天与我一起相处，对我有更多的了解，希望你们课后也给我提提意见，帮助我改进工作吧！"课堂上一阵窃窃私语后，很快地安静下来了。这位教师面对损害自己的行为以幽默带过，既显示了教师的诙谐大度，又让自己摆脱窘然处境，还为学生创设了自我教育的情境。

二、宽容法

宽容意味着教师对学生的一种理解和信任，它不是软弱，不是无原则迁就，更不是纵容与包庇。宽容要使学生能在灵魂深处反省，要使学生体会到教师的仁厚与良苦用心，促使学生自我教育。如，一位老师收到学生的一张字条，上面写着：老师，你以为当老师就可以压服学生吗？你高昂着头，铁青着脸，像个活阎王，但是，有谁怕你呢？落款为：你最讨厌的、等待你处罚的学生。这位老师不是查处写信的人，反而在班上宣读了这封信，并检讨了自己工作方法的简单粗暴，感谢这位同学给他敲了警钟，并让学生以后多给他提意见、写真话。学生们对老师的宽容感到由衷敬佩，师生关系从此更加融洽。

三、警告法

对于较严重的违纪行为，教师要严肃地提出警告并立即制止。为了不影响上课，课堂上不必过多追究，但课后谈话要抓紧进行。如，一位老师正在讲课，忽然，后面的同学一个个都抿着嘴"哈哈"地笑。老师走到后面一看，原来是一个同学的嘴上贴了一张白纸条。老师怒不可遏，正要追查，但一转念又改变了主意。只见他轻轻地将纸条撕下来，然后严肃地说："搞这种恶作剧是对别人人格的侮辱，是不道德的行为。我向他提出警告，请他下课后到办公室来一下。我相信他会主动承认错误并改正错误的。"接着，又继续讲课了。课后，一个"调皮鬼"果然来到了办公室。

四、分身法

由于学生恶作剧或违反纪律出现的突发事件，教师如果集中批评学生，就会影响全班学生学习。为了使教学能正常进行，又能脱身处理偶发事件，教师可以采用分身法。如，一位老师正在讲课中，突然两个学生打起架来，不处理不行。于是这位老师布置了两道紧密配合本节课教学的思考题让学生思考（或者布置几道作业题让学生做），这样，教师既能完成教学任务，又能处理偶发事件，不至于顾此失彼。

五、克制法

当某个学生的破坏性行为中暗藏着想赢得他人注意的愿望时，可采用此法。如趁教师板书时，某生悄悄将一动物放入粉笔盒内，当教师再次取粉笔时发现了，这时如果教师采用言语反应，可能会正巧迎合了该生正在寻求的目的。而采用克制法，实际上是向该生表明，教师对他的攻击行为完全可以保持泰然自若，无须大发雷霆，当堂追究，使之自讨没趣。

六、嫁接法

有些偶发事件的出现已经引起了学生注意，教师想要让学生重新集中于原定的教学内容十分困难。这时可以转而发掘事件中的积极因素，把与课堂教学无关的偶发事件引导到课堂教学上来。因势利导地开展教育教学活动。如一位语文老师正在讲课中，突然一只大灰猫追赶着一只老鼠往教室里窜，大多数同学都好奇地观看这个精彩的场面，有的同学甚至追赶起来。这种情况下，教师没有制止学生观看这个精彩的场面，而是随机改变了自己原来的讲课计划，宣布允许学生观看一会儿这个场面。然后利用学生这种好奇和兴趣，要求学生以这件事为素材进行口头作文。这样做既顺应了学生的好奇心，又保证了课堂教学秩序，而且扩充了课堂教学信息，达到了语文课的教学目的。

七、暂冻法

对一些偶发事件给予暂时的冻结，仍按原计划上课，待课后或其他时间再来处理这一事件。如某班学生做完课间操回到教室，刚坐到自己的座位上，忽然有人发出"哎哟""哎哟"的惊叫声，老师发现原来有人在一女生凳子上反钉了几个钉子。是立即查找肇事者还是照常上课？老师选择了后者，他帮助这位受害同学钉好了凳子，就继续上课。课后科任老师建议班主任召开"板凳上的钉子从何而来"的主题班会，使大家受到教育，肇事者也主动承认了错误，以后再也没有发生类似事件。

八、增补法

课堂教学中，有时由于对学生情况了解不够，原来安排的教学内容半节课就讲完了，因为许多内容学生已经掌握了，所以提问对答如流，练习熟门熟路，很快就完成了。出现这种情况，可以补充一些必要的教学环节，如朗读课文、背诵课文、复述课文；或补充一些练习题，或组织学生讨论，或组织小竞赛、小测验。有时也可求教于学生，如让学生出题目来考老师。

九、升温法

学习困难生主要的困难在于基础知识不牢固，信心不足。因此，他们答问时往往语无伦次，有时已接近答对了，却突然停下，再也不作声了，害怕答错被人取笑。遇到这种情况，教师不要让他们停止答问，而是简单地重复已回答正确的部分，并给予肯定和鼓励，然后走近该生，用期待的眼光看着他，轻言轻语地点拨、提示。通过教师耐心的等待、热情的升温，冷寂的场面常常会突然改变，该生终于能准确地完整地把问题回答出来。此时，教师要再一次给予肯定和表扬，他们会在以后的答问中表现得越来越出色。

十、讨论法

当教师讲到学生感兴趣的问题时，学生们往往自发地在下面议论纷纷。如果立即制止这种现象，就会挫伤学生的积极性。遇到这种情况，可以让学生自由议论，然后选代表发言。这样做可使全体学生的意见都表达出来，能调动学生的积极性，取得较好的教学效果。如，一位语文教师在教曹禺的戏剧《雷雨》时，当讲到侍萍的一句话"老爷，没有事了？（望着朴园，泪要涌出）"，学生便对侍萍的"泪"是"感动"之泪，还是"气愤"之泪，当堂争论起来。教师也就改变了原先的教学计划，顺应形势，围绕双方争论的焦点，启发学生理顺思路，得出统一的认识。

十一、激将法

当教师和学生在情绪上发生对立时，教师千万不可意气用事，使用尖酸刻薄的语言刺激学生，更不能使用恐吓以图压倒学生，可适当使用激将法，把问题推向深入，以取得学生信服的权威效应而信服教师的观点。如，一位语文教师在教《变色龙》一文，在学生预习的基础上提问学生："'变色龙'有什么特征？"一阵寥落的翻书声后，从后排站起一位同学回答，他露出一脸得意的神态，津津有味地对着《动物学》一书给变色龙描绘特征。从语文课扯到动物界，顿时，教室里一片哗然！开始这位教师怒形于色，准备感情用事，但理智提醒了这位教师。他扫视了一下教室，平静地对这位学生说："对，你说得很不错，变色龙的特征是这样。可见你学得很活，能把动物学的知识与学习语文贯通起来。"然后，教师把话一转，用激将的口吻转向全体学生，很可惜，这位同学的智力没有用到该用的地方，槌子没有敲到鼓上，只要稍微聪明一点的同学，就不难看出，幽默大师契诃夫是借用变色龙"善变"的特征来比喻……教师欲言故蓄，几秒钟后，同学们的思路很快纳入正道，纷纷举手发言，使那位同学感到不好意思，老师又鼓励他继续发言。

十二、调整法

有时由于各种原因，上课时打乱了原计划的课堂结构，例如，忘记板书课题，忘记小结等。遇到这种情况，如果从头再来，时间不允许；如果立即补入某一环节，与教学进程不吻合。这时，可以适当地调整原计划的课堂教学结构。如一位教师在讲"工程问题"应用题，当进行到课堂练习时，他边指导学生做练习，边回顾课堂教学，发现还没有板书课题。他没有惊慌失措，而是不动声色地继续往下进行，当课堂小结时，强调了本节课的内容，根据同学们的发言写上了课题。这样，板书课题由原来的开篇点题调整为结尾点题，既点出了课堂教学的重点，又使课堂教学环节完整无缺，效果并不比原计划差。

十三、暗收法

对学生提出的有价值、有见解的看法，教师做出明确肯定判断后，暗中加以吸收，并适当调整原来的教学方案，既鼓励了学生，又使教学过程自然而流畅，取得更好效果。如一位教师在教《范进中举》时，开始设计的教学方法，是让学生通过范进中举前后的变化及人们对他态度不同的对比来认识文章的主题。在具体实施时，有的同学提出范进、孔乙己都是深受科举制度毒害的下层知识分子，他们在本质上是不是相同的？教师觉得这个问题提得好，便于揭露封建科举制度的罪恶。于是立即改变了原来设计的教法，引导学生对比孔乙己与范进的异同点，较好地把握了文章的主题，同时也比较了写作上的不同之处，给学生留下了深刻的印象。

十四、错导法

智者千虑，难免一失。课堂教学中，有时老师出现一点差错也是正常的。如板书错误、读音不准、计算错误、演示出毛病等。遇到这种情况，可以请学生帮助查找错误。如一位教师在推导弧长公式时，结果得到，但出现了差错，复查推导过程，未能查出。这时教师不仅没有发慌，反而灵机一动，若无其事地对着学生说："现在我要考考大家的注意力，看谁能发现老师推导过程中的错误"。全班学生思考着、检查着，纷纷举手，把错误很快地纠正过来。发动学生共同探讨和更正错误，既调动了学生学习的积极性，也为教师赢得了时间。

十五、悬挂法

课堂教学时，学生往往提出一些教师意想不到的问题，使教师一时不知如何回答；或者教师回答了，因为缺乏思考，语言表达得不恰当，学生不满意。如语文老师在讲《木兰诗》中的"将军百战死，壮士十年归；同行十二年，不知木兰是女郎"时，有的同学突然问："一说十年，一说十二年，木兰从军到底是几年？"教师事先未考虑到这个问题，一时难以回答清楚。遇到这种情况，为了不影响课堂教学继续进行，可以把问题挂起来，让学生课后去寻找答案，以便学生能继续安心学习，防止他们分散注意力。但课后或下节课上课之前教师要查找资料，尽快给学生以正确的答复，不要悬而不决。

十六、注视法

当教师捕捉到有行为不当学生的眼神（如教师发现后排某生正在寻找机会欲将一漫画往前排某女生背上贴）时，教师即刻以一种表示不满的、强烈的、连续的目光注视该生，并同时辅以皱眉、扬眉暗示该生，使该生意识到教师已经感觉到他的那种不良行为。使用此法的优点是教师在既不使该生窘迫，又不使课堂混乱、教学节奏出现停顿的情况下，把不良行为扼杀在萌芽状态。

十七、暗示法

当偶发事件发生时，教师并不中断教学活动，而是用含蓄、间接的方法悄悄提醒当事人，消除影响教学的不利因素，使教学正常进行。如有一位特级教师在上观摩课，听课教师发现在上课过程中有一位学生走了出去，几分钟后又有一位学生走出去，过了一会儿，两位学生先后回来。可在这过程中，教师从没有中断过教学活动。这是怎么回事呢？听课教师闹不明白。下课后询问这位特级教师，他说："我在上课时发现一个学生脸上很难过，坐立不安，知道他可能要大小便，便踱到他身边示意他出去。过了好一会儿这个学生还没有回来。我便猜想他可能来不及带手纸，便悄悄让第二个学生拿了卫生纸去厕所，果然他们就回来了。"听课教师恍然大悟，无不表示钦佩。教师用暗示的方法解决偶发事件既不影响教学程序，又能不损害学生的自尊心。比如，教师可以目光、手势、临近、提问等暗示方法来阻止学生讲话、搞小动作等。

十八、提问法

当发现某些学生注意力分散时，就请他回答问题或演算习题，强制他把注意力集中到学习上来。如，一位数学老师在课堂上发现两位同桌学生在低头玩东西。她略一思索，立即指名其中一人答问，一人板演。他俩被这突如其来的问题弄得不知所措。结果答非所问，引起一阵哄笑。以后，他们上课再也没有玩东西。

十九、停顿法

由于中小学生注意力保持不长久，所以课堂上往往会出现思想开小差、注意力不集中，或窃窃私语，或东张西望，或搞小动作等。遇到这种情况，如果教师当着全班学生的面批评这些学生，不仅收不到应有的效果，还会影响课堂教学按预定计划进行，甚至会挫伤学生的学习积极性。这时，教师可以突然停止讲课，沉默片刻，此时无声胜有声。沉默既能引起学生的注意、激发学生思维，还能起到维持教学秩序的作用。

二十、接近法

在教学过程中，当发现学生中有不安定的苗头，如有人坐立不安、玩东西、看图书、打瞌睡，甚至想搞恶作剧时，教师可一边讲课，一边不动声色地走到有关学生身边站站，或轻轻拍拍肩膀、摸摸头。教师只要露出开始向行为不当的学生走近的意向，就会使该生的不当行为迅速改变。

二十一、表扬法

数学老师王刚正准备讲课，突然调皮学生小华（经常迟到）满头大汗地走进教室，全班同学哄堂大笑。王老师没有批评他，而是不失时机地说："他跑得满头大汗，说明他根本不愿迟到，还有进取心，让我们为他的进取心鼓鼓劲吧！"话音刚落，一片掌声。这位同学又羞又愧又感动。从此，再没有迟到过。

二十二、特殊法

课堂上，有时也会发生一些"特殊事件"，应该"特殊处理"。如有时因天气闷热，课堂上突然有人生病晕倒。这时，教师不要惊慌，应布置学生自习，自己到患病学生身边察看，同时派班干部到卫生室请保健老师前来。然后，根据病情轻重决定处理办法，安定后再继续讲课。如一位小学一年级的小同学上课时，因闹肚子把大便拉在裤子里，小同学担心同学们嘲笑和老师训斥，想哭却不敢出声，非常难受。老师发现后，讲课暂告一个段落，给全班同学布置朗读课文，不动声色地走到这位小同学面前，将这位小同学带出教室，一边安慰他，一边帮他擦洗干净，然后向本校有孩子的老师借裤子帮这位小同学穿上，又很快悄悄地回到教室上课。

二十三、情感法

借班上课或接任一个新班级时，师生间互不了解，互不相识，课堂上有可能面面相觑，表现淡漠，甚至形成僵局，影响教学正常进行。遇到这种情况教师要和学生先沟通感情，如师生共同做游戏，讲故事等。这样可以很快缩短师生间距离，在短短的几分钟内使师生的情感融洽，然后再开始讲课。

二十四、诱导法

就是借助比较、分析、综合、归纳等方法，以引路、搭桥、开窍、点拨之作用，使教师的"讲"诱导出学生的"想"，教师讲的"点"能带动学生的"面"，使之平中出奇，难而可及。此应变法适用学生因章节的内容理论性强且抽象、枯燥乏味而兴趣不浓，造成注意力下降，昏昏欲睡的课堂场面。运用此法，可调动学生身心的部分能量，引起感情和理智上的共鸣，变枯燥无味为兴趣盎然、精神振奋的教学氛围。但教师的教学风格一定是要民主开放型的，这是应变成败的关键，如果师生心理不容，势必会启而不发，诱而不导。

二十五、旁敲侧击法

学生提出的问题，教师不做正面的回答，而是巧妙地避开话题，从侧面提出看似与主题无关的话题，帮助学生做势能积贮，即引导他们去形成一种解决问题的动力准备状态，以此来达到启示、提醒之目的，让其在思考中自寻答案。此应变策略常是针对某些问题正面回答很难解释清楚，且易造成观点的对立拉锯战，但又不能在回绝的情况下采用。

二十六、设悬激奇法

悬念往往给人的心理上造成一种强烈的想念和挂念，使人对所讲内容产生一种急于追问下去的心理。当学生产生精神上的疲倦，兴趣降低时，教师可以迅速调整授课角度，创设悬念情境，以此造成学生企盼、渴知的心理状态，以加速思维。

采用此应变法，要寻找最佳设悬时机进行，使教材的内容与授课情境浑然衔接。

二十七、调虎离山法

此法是指个别同学在即将失态的情况下，教师及时、巧妙地进行掩饰的方法。如，初一（1）班的教室里，学生踊跃地举着手，有序地进行发言。当老师叫到第三次举手的某个学生时，他终于因小便憋不住直往老师身边跑。老师发现了他裤子前裆湿了，便随手拿起茶杯装作喝水，但茶杯偏又从该生身上滑到地上，老师把学生的裤子"弄湿"了。班上所有的学生都没有发现这其中的蛛丝马迹。老师说："对不起，你去寝室换裤子吧，其他同学继续上课。"事情发生前后不足两分钟，老师用"调虎离山"法把学生的视线巧妙地引向老师的行为举止，既掩饰了学生的窘态，又把握住课堂教学秩序。

二十八、因势利导法

课堂教学一般都有严格的程序，教师要周密设计教学环节，恰当安排教学步骤。但在实际教学中，常常出现影响教学进程的信息，这就需要教师根据实际情况随时改变教学程序。如，一位语文老师在讲《美丽的公鸡》时，原计划第二环节按课文顺序进行导读，不料一上课就有位学生提出：公鸡很骄傲，不美，为什么课题是《美丽的公鸡》呢？教师立即意识到这个问题要害，如果从这里入手，更能帮助学生理解课文。便因势利导，让学生围绕"公鸡到底美不美"来仔细阅读课文，并提出一连串问题，让大家讨论，从而使学生深刻认识到什么是真正的美。

二十九、转换思路法

有时由于课前教师对某个问题钻研不够，所以当讲解到某个问题时就讲不下去；有时因讲课中突然受到某个干扰，如学生的突然提问、身体有病等，从而造成思路中断。遇到这种情况，一是不应勉强去应付搪塞，而要想法先排除自我心理干扰，尽快沟通对教学构思的回忆，也可对某个问题暂时存疑不答；二是可随机设问，转换思路。教师在思路中断时，可暂时停止讲解，临时布置学生朗读课文或做练习，以便有充分的思考余地，重新组织教学环节。

三十、问题转换法

此法是指教师对教学中的疑难引发的事件，设置新的问题，以激发学生思考，解脱自己困窘的方法。如一位老师在教《木兰诗》时，有的学生认为诗中写的不可信，并提出疑问说："'同行十二年，不知木兰是女郎'是不可能的。十二年这么长时间共同生活打仗，怎么会认不出是女的呢？不说别的，一双小脚在洗脚时会露出来的。"老师说："南北朝时妇女还不缠脚。"学生又问："那么中国妇女什么时候开始裹脚呢？"这下子可把老师给问住了，老师想了想说："课后我们大伙儿都去查资料，比比谁先查到。"这位老师巧妙地设置了一个查资料的环节，让大家来回答问题，既安定了学生的情绪又维护了课堂教学秩序。

课堂上偶发事件的表现变幻莫测，以上所列举的应变策略只有一般意义，不可能囊括所有情况。事实上，在具体的应变中，任何一种策略都不可能是绝对单纯和万能的。它往往只适用于各种不同对象、不同情境、不同层次、不同角度的应变要求，因而都具有其内在的逻辑关系，运用时要求教师必须针对课堂具体问题情境，准确把握有关对策，绝不能将其孤立化、公式化和模式化。唯有着眼全局，把握全局，在符合课堂教学活动具体需要、符合教学基本原则下灵活运用，才能取得应变的最佳效果。

第十三章　课堂教学的练习设计艺术

优化中小学课堂教学结构，提高课堂教学效率，减轻学生过重的课业负担，全面提高中小学课堂教学质量的一个非常重要的方面是优化课堂练习设计，研究课堂练习形式，讲求课堂练习设计艺术。

课堂练习是课堂教学内容的一个重要的有机组成部分。一般课堂上在讲授完新内容后，要靠练习来进行巩固。练习设计的基本要求是：一方面要对教材中的练习进行筛选，选择典型题让学生练习；另一方面要适当补充一些能够开发学生智力、发展学生能力的补充练习。

第一节　课堂练习设计的基本原则

一、目的性原则

课堂练习要从既定的教学目标出发，为巩固所学的教学内容服务。它可以为全面巩固所学内容而设计综合练习，也可以为巩固所学内容的某一方面设计单项练习，不论设计哪种练习，都要为既定的教学目标服务。

二、整体性原则

教师在进行课堂练习设计时，要从课堂教学的整体出发，把课堂练习作为课堂教学的一个有机组成部分，并为全面完成课堂教学任务服务。不能把课堂练习当作课堂教学的"补丁"，也不能为练习而练习。

三、科学性原则

练习是为教学目的服务的，因而练习的设计必须符合教学大纲所规定的各年级的教学内容和提出的教学要求，要准确地把握住各部分知识结构中的重点和难点；必须符合学生思维特点和认知发展的客观规律。如教学小学"小数乘法"，它是在整数乘法、小数的意义和性质等基础上进行的。掌握小数乘法计算法则的关键是根据积的变化规律，确定积的小数点的位置。让学生掌握好小数乘法的计算法则是教学的重点。正确把握小数乘法中积的小数点位置是教学的难点。练习的设计要注意突出重点、突破难点。可以先安排一些口头练习。通过讨论小数点在积中的位置来巩固小数乘法计算法则的理解和掌握。然后再用竖式计算的形式，应用乘法的计算法则去进行演算，并做一些改错练习，使知识得到进一步巩固、逐步形成比较熟练的技能。

四、层次性原则

课堂练习要有层次，有梯度，使学生循序渐进，逐步提高。一般来说，设计课堂练习要注意三个梯度。第一梯度：设计基本的、简单的、带有模仿性的题目，这是全体学生，特别是学困生做的，是知识的内化、熟化过程；第二梯度：设计一些带有综合性、灵活性的题目，面向大多数，使学生把知识转化为技能，这是知识的同化过程；第三梯度：设计一些思考性、创造性强的题目，主要供学有余力的优等生练习，这是知识的强化、优化过程。

例如，小学数学课的练习设计要遵循由易到难，由简到繁，由基本到变式，由低级到高级的发展顺序去安排，使不同层次的学生都有经过刻苦学习之后获得成功的快乐的、愉快的体验，使学生的学习更加积极主动。在教学小学数学四年级"加法的交换律和结合律"时，设计了一组层次性非常强的习题：第一层次（基本题，与例题相仿）简便计算下列各题：15+264+25，36+25+64+25。第二层次（变式题，与例题稍有变化）简便计算下列各题：（92+38）+（62+8），（125+64）+（75+136）。第三层次（综合题，新知适当结合旧知）下列各题能简便计算的简便计算：（96+49）+151，（92+58）+（45+108），（68+76）+32+24。第四层次（发展题，供学有余力者用）计算：2+3-4+5-6+7-8+9-10+11-12+13-14+15。这样，所有学生都能量力而行，尝到了成功的快乐，对数学学习更有信心了，使他们学习更加主动与积极。

五、多样性原则

课堂练习的设计追求题型的多样化和练习方式的多样化，可以使学生学得主动、学得积极、学得扎实、学得有趣、学得灵活。把学生抄题、做题的纯粹机械动手练习变为动脑、动口、动手等多种感官参与活动的练习。题型可以有口算练习、笔算练习、应用练习、选择练习、判断练习、综合练习、操作练习、竞赛练习、游戏练习等，让学生既要动手，又要动口，还要动脑。而且在练习时既可以让学生集体练习，还可以有独立练习，当然也可以是小组合作练习。这样，产生无意识记忆，其记忆的效果往往比强记省劲。

六、典型性原则

鉴于课堂教学时间有限，课堂讲授要少而精，练习设计也应少而精。这就要求课堂练习具备典型性，既能集中体现课堂教学内容的精华，做到题量适当，恰到好处，又能通过设计题的练习达到举一反三、触类旁通、启迪智慧、培养能力的目的。练习形式应做到灵活多样，变中求活。

七、趣味性原则

学生对某一学科的迷恋往往是从兴趣开始的，由兴趣到探索，由探索到成功，在成功的体验中产生新的兴趣，推动学习不断取得成功。理科的抽象性和严谨性往往使学生感到枯燥乏味，要使学生在理科学习活动中体会到科学是那么生动、有趣、富有魅力，强化练习的趣味性十分重要。因此，设计练习时应适当编选一些带有浓郁趣味的习题，这样可以寓练于乐，练中生趣，既能减轻学生练习的心理负担，又能提高练习的效率。

八、针对性原则

所谓针对性，就是设计练习要围绕教学目标，有目的、有重点地进行，做到有的放矢，力求用较少的时间、精练的习题，获得最佳的练习效果。"不要进行盲目的，互不联系的，大量机械的练习。"这就要求练习设计要有针对性，避免盲目性。一要针对教学目标设计练习，要从教学目标、教学任务出发，普遍分析学生应掌握哪些知识，培养哪些能力，达到何等水平，然后组织选题，进行编题。二要围绕教学重点进行设计。例如，小学"平行四边形面积"的第一教时，主要是使学生理解平行四边形面积公式的推导过程，使学生明白其面积的大小取决于底和对应高，练习要围绕这个重点来设计。三要针对学生掌握知识的实际情况进行设计。学生掌握知识的程度一方面取决于教师的引导讲解；另一方面也取决于知识本身的难易深浅。为此，练习设计要考虑这些因素：哪些概念的建立较困难，哪些知识容易混淆，在哪些地方易犯错误等，这样在设计练习时就可做到心中有数，防患于未然。

九、趣味性原则

"兴趣是最好的老师"，兴趣对学生学习可起到定向、持续、内驱和强化的效应，提高练习的趣味性，寓练于乐，练中生趣，不仅可以减轻学生的心理负担，而且能够变"被动学习"为"主动学习"，有效地提高练习质量和效果，真正达到练习的目的。一要注意练习题的设计，增加练习内容的新颖性。这就是说，练习设计不仅内容要新，而且习题的类型或形式也要新。二要注意练习形式多样化。学生巩固知识、形成某一技能，往往要对同一要求进行反复多次的练习，这种机械重复的练习会使学生产生厌倦心理，因此，设计练习时，对同一项知识或技能的训练，应设计多种形式的练习，练习的形式多种多样，从题型上讲，有填空、选择、判断、匹配等；从结构上讲，有补条件、补问题、选条件等；从形式上讲又有听算、笔算、视算、游戏等。设计练习时，可根据具体内容，选择恰当的形式。三要注意把握练习的要求，设计练习要难易适中，应是绝大多数学生能够接受的；符合教学的基本要求，不可随意拔高练习的标准。

十、启发性原则

练习题的设计应对解答某一类问题或解答其他问题有所启发，不能只设计某些单一训练或直接套用公式的习题，要多设计一些发展学生思维的"智慧题"，使学生通过练习，掌握解题方法，找到解题思路，发现解题规律。

十一、周期性原则

在教学过程中，教师要根据学生的遗忘规律，对已经学过的、练过的知识与习题，要注意适当重复，定期做一些重复性的习题，其中有的可结合单元复习进行，有的可结合新知识的学习，反复做一些以新带旧、新旧结合的题目，以帮助学生同遗忘做斗争。

十二、渗透性原则

作为整体课堂教学设计的一部分，练习设计也应结合教学内容，对学生进行思想品德教育，要做到有机渗透，使学生在练习中潜移默化地接受良好的行为习惯，爱祖国，爱家乡，爱社会主义的思想品德教育，以及辩证唯物主义的启蒙教育。

第二节 课堂练习的设计方法

优化课堂教学结构，提高课堂教学效率，减轻学生过重的课业负担，全面提高课堂教学质量的一个非常重要的方面，是优化小学数学的课堂练习设计，研究课堂练习形式，讲求课堂练习设计艺术，即练习的内容紧扣教学要求，目的明确，有针对性。练习题的数量要适当，能适应不同程度学生的需要，练习设计要有坡度，有层次，难易适度，适应学生的特点。在进行课堂练习设计时，要注意做到以下几点。

一、针对不同课型，采用不同的练习设计方法

日常教学的课堂类型不同，其课堂教学的基本结构也就大不一样，当然练习的安排形式也就不一样。优化课堂练习设计就是要针对不同的课型，采用不同的练习设计方法。

（一）新授课的练习设计

新授课主要是以向学生传授新知识为内容的课型，这是课堂教学中最常用而又最复杂的一种课型。一般来说，在新授课之前要安排一些"铺垫性"的练习。"铺垫题"的设计大致有两种类型：一类是完全由与新知识有关的旧知识组成的题目，通过有目的、有组织的复习，为引进和学习新知识搭桥铺路，从而为促成新知识的迁移做好准备；另一类是把要学习的新知识转化为学生学过的旧知识，分层出现，要求学生逐步分析解答，有意识地分散教学难点，从而为学生顺利地学习新知识做好思维上的准备。

讲解新知识之后要安排巩固练习，即通过提问、板演等形式，及时了解各类学生对新知识的理解程度，其目的是让学生在巩固练习中加深理解，消除疑难，力争使新知识当堂消化。练习设计的艺术是教师紧紧围绕某一具体的教学内容设计一种同类型、同结构的练习，其常见的形式是：基本题(与例题相仿)—变式题(比例题稍有变化)—综合题(新旧知识的适当结合)—思考题(仅供学有余力的同学练习)。体现了学生对新知识的"认识、巩固、加深和发展"的过程。

（二）练习课的练习设计

练习课主要是以练习为主，教师要针对学生掌握基础知识的情况以及不同的知识点，通过多种方式设计练习，目的是使学生进一步巩固基础知识，形成娴熟的技能技巧。应在练习的形式、层次和安排上狠下功夫。常见的练习形式有巩固练习、变式练习和综合练习。

1.巩固练习，这是新授课的补充和延续，目的是进一步引导学生巩固和加强新知。

2.变式练习，即变换概念、图形、应用题等非本质特征，突出其本质特征的一种练习。在练习课上经常应用这种练习，对学生概念的正确形成、图形特征的认识、应用题的结构特征及解法的掌握，有着显著的效果。

3.综合练习，就是注意把新旧知识放在一起或把相关的不同的知识放在一起而进行的练习。这种练习在小学数学课上一般有五种形式。

（1）统一计算法则的综合练习；

（2）进行知识间比较区别和联系的综合练习；

（3）进行知识归类的综合练习；

（4）从单一知识练习到复合知识的综合练习。例如，教了归一应用题后，可进行与一般应用题进行复合应用的综合练习；

（5）对一个单元的内容进行综合练习等。

（三）复习课的练习设计

复习课的目的是为了加深学生对已学知识的理解并使知识系统化，以便巩固基础知识，提高基本技能与技巧。复习课并不是把所讲述的内容简单地重复、再现，它不同于新授课和练习课，因而在练习设计上，要服从复习课的"查漏（缺漏知识）、系统、加深、提高"的特点。常见的练习形式有巩固练习、归纳练习、引申练习、发散练习等。

1.巩固练习。复习课的巩固练习要抓住重点知识、主要的能力要求，可抽取某一部分内容或学生的疑难问题有针对性地设计练习题，目的是让学生排除错误，加深、提高。

2.归纳练习。主要是学生学完某章、某节或某一单元之后，对知识进行系统的、条理化的整理而设计的练习。它一般采用归纳要点、列表总结、列表对比等形式来进行。

3.引申练习。即在复习课上以某一类知识为起点，把与其有联系的相关知识也容纳进来而设计的目的明确、层次清楚、由易到难、由浅入深的系统练习。其目的有二，一是拓宽学生的知识面，加深学生对某一类知识全面、深入的了解；二是促进学生用基础知识去解决实际问题，进而提高解题能力，更好地形成技能技巧。

4.发散练习。即在复习课上引导学生从某一类知识出发，紧紧围绕这一类知识内容而进行的多种形式的练习，其目的是把封闭性习题变为开放性习题，以开阔学生的思路，让学生从多方面、多角度来理解问题的实质，培养学生灵活运用知识解题的能力以及多向思维能力。

二、要掌握好课堂练习常用的几种形式

优化课堂练习设计，取得良好的教学效果，首先要在设计好的课堂练习题上下功夫。教师要掌握好课堂练习常用的几种形式。

（一）准备性习题

准备性习题是为了导出新知识，讲授新知识而设计的练习。它主要包括既为新知识铺垫，又能激发学生求知欲、分散新知识的难点，以及复习与新知识有关而又容易出错的旧知识等几个方面的题目。准备性习题起着复习巩固、激发求知欲、扫除学习障碍、为新知识做铺垫的作用。设计这类题目，必须认真分析与新知识有直接联系的旧知识和学生在学习中容易出错的问题，并充分注意知识的迁移规律、学生的心理等因素。时间一般控制在2分钟左右。

（二）尝试性习题

尝试性习题是在学生初步学习新知识后，为让学生尝试运用新知识所设计的练习题。设计尝试性习题的目的是使学生在初步接触新知识后，让其处在一个既熟悉又陌生的情境中，激起他们对当堂课的学习内容产生浓厚兴趣，从而调动他们的主观能动性。因此，设计时应注意与旧知识的联系，要在巧妙编排准备题的基础上，自然引出尝试题；数理课要注意与例题的联系，使尝试题与例题大体相同，以便学生在自学过程中，通过类比而解决尝试题。

（三）迁移性习题

迁移性习题是为使学生将旧知识向新知识过渡而设计的练习。教师应在教与旧知识有密切联系的新内容时，设计过程性练习，为学生学好新知识做好铺垫；或者在学生学习新知识碰到困难时，设计一些诱导性的迁移练习，使学生从中得到启发，进而较快地理解新知识。

（四）辨析性习题

这是针对教学中易混淆、易出错的内容设计的练习题。其目的是通过辨析，加深对相关知识的区别和理解。如，小学数学课在教学"比"的知识之后，就可以引导学生把比、分数和除法三者之间的关系列表辨析。又如，语文课学习了结构助词"的""地""得"的不同用法以后，可以设计一组有关的选择填空题以加深理解和运用。

（五）对比性习题

对比题是针对教学中易混淆、易出错的内容而设计的，但又与辨析题不同。辨析题侧重于知识内容的细微差别而进行比较，它可以是两类，也可以是三类，或者更多；而对比题则侧重于明显不同的知识内容进行对照，它一般只局限于两类。

（六）诊断性习题

这是教师为掌握学生的学习情况，检查学生学习的缺陷而设计的练习，它不同于平时的考试卷，其目的是检查学生对已学过的知识是否掌握，在掌握过程中还有哪些不足，以便改进以后的教学。诊断题的设计非常灵活，在时间和数量上可多可少，如果教师是检查当堂的情况，时间和数量可少一些，如果是检查一个单元或者更多的教学情况，则时间和数量可以多一些。

（七）形成性习题

形成性习题是为落实教学目标而设计的习题。设计形成性练习题的依据是教学目标。一般来说，教学目标的某一条要求，都要有一个或者一组形成性练习与之对应。如教因式分解时，对每一种因式分解法都要设计一组形成性习题，以使学生学得的因式分解法落到实处。

（八）专项性习题

这是为针对某一教学目标，或者为解决某一方面的问题而设计的练习。它体现了"抓住主要矛盾或矛盾的主要方面"和"集中精力打歼灭战"的战略思想。这种练习一般放在讲解例题之后或做完一组基本题之后进行。当学生对新知识形成清楚的表象后围绕新知识的重点、难点和关键设计专项练习，可以加深学生对概念、法则等基础知识的理解，进一步形成技能技巧，更好地发展智力。

如多位数除法里的"0"，不管在被除数、除数里，或者是商里，都要认真处理，这是教学的难点之一。学生在计算时发生的错误往往都是对"0"处理不当造成的，因此，在教学除数是三位数除法且中间有"0"以后，就可以设计一组关于"0"的处理的"专项练习"。

（九）操作性习题

这是为培养学生的动手操作能力而设计的练习。该类练习既要求有一定的理论基础，还要求有一定的动手技巧，是一类综合性很强的题目。它一般适用于小学高年级学生，其目的是让学生在动手操作中理解和巩固知识，发展各种能力，培养兴趣。如指物(重量、刻度、钟表等)、测量、折纸、拆拼、实验等。

（十）综合性习题

综合性习题是把新旧知识放在一起，或把相关的不同知识放在一起而进行的练习。这种类型的练习，一般是在学完一篇课文或一个单元以后，把一个个单一的练习内容，根据它们之间的联系，综合成一个或几个练习题进行的整体练习。期中、期末复习时也常进行这种综合性练习。如学完"一元一次方程"这个单元，就要进行有关一元一次方程知识的综合性练习，一般放在单元复习之后，时间可长可短，题型要灵活多样。

（十一）匹配性习题

匹配性习题又叫搭配题。如："做45个零件，王师傅过去用5小时，现在用3小时。"

（1）过去与现在所用时间的比是3：5。

（2）现在与过去工作效率的比是5：3。

（3）现在与过去所用时间的比是？

（4）过去与现在工作效率的比是？

（十二）拓展性习题

此类习题是以某一类知识为起点，把与其有联系的相关知识也容纳进来而设计的目的明确、层次清楚、从易到难、由浅入深的系统性练习。其目的是为了拓宽学生的知识面，加深学生对某一类知识的全面深入的了解。

（十三）转化性习题

转化性习题是指由一类知识向另一类知识转化，或者为转化题目的已知条件或解题思路而设计的练习。其目的是帮助学生通过知识迁移，掌握问题的本质，并了解形式上的变化。如小学数学学习了分数的四则运算，再进行百分数的计算时，可以先把分数转化为百分数，再按分数的运算法则进行计算。

（十四）发散性习题

发散性习题是指从某一类知识内容出发，紧紧围绕这一类知识内容而进行的多种形式的练习。其目的是把封闭性习题变为开放性习题，以开阔思路，使学生从多方面、多角度来理解问题的实质，培养学生多向思维能力。数学中常用的一题多解就属于这类练习。

（十五）归纳性习题

归纳性练习又称之为总结性练习，是指教学中学完一章、一课，或者一个单元之后，对所学知识进行系统的、条理化的整理而设计的练习。它一般采用归纳要点、列表总结、列表对比等形式来进行。

（十六）创新性习题

创新性练习是在学生掌握基本练习的基础上，为进一步培养学生的创新能力而设计的一种练习。如语文课中，在要求用一个词造句的基础上，可以进一步要求用几个词组合在一起写话；在联词写话的基础上，还可以进一步引导联词作文，这些都属于创新性练习。

课堂上的练习设计艺术，关键体现在把课堂中所需用的各种练习放在最需要、最能发挥作用的地位上，以使课堂练习能充分地发挥巩固知识、形成技能、发展智力的作用。总的原则是适逢其时，施展其用，时量适当，恰到好处。上述十几种练习方法在课堂实际操作中可以在不同时段呈现。

1. 前铺式安排法。即把练习放在讲授新知识之前，为学习新知识扫除障碍，做好铺垫的练习安排法。

2. 后续式安排法。即讲完新知识或讲完新知识的某一部分后立即安排一道(组)题目来理解、巩固新知识。

3. 递进式安排法。即根据课堂教学的内容，设计一组难易不同，有梯度、有层次的题目，然后根据教学内容进展由易到难、由简单到复杂，逐步让学生练习。

4.连环节安排法。即通过一个练习,既解决上部分(上节课)内容的疑难,又能引导启发下部分(下节课)内容的学习。

5.组合式安排法。即把各种不同形式、不同难度的练习放在一起,形成题组,让学生通过对题组的解答,掌握重点,把握难点,形成技能。

课堂练习是使学生掌握系统的基础知识,训练技能、技巧的重要手段,也是培养学生能力、发展学生智力的重要途径。课堂练习必须精心设计与安排,因为学生在做经过精心安排的练习时,能培养良好的思维品质,能积极地掌握所学知识,从而获得进行创造性思维的能力。

第十四章　课堂教学的德育渗透艺术

在学科教学中进行德育渗透是教学的教育性客观规律的反映，是教师教书育人职责的基本要求，也是培养德才兼备高素质人才的重要途径。换言之，教师在课堂教学过程中，除了要完成知识传授的任务，发展学生的智力外，还应培养学生具有健康的思想品质。然而，这又不是单纯的品德教育，它是在传授知识过程中渗透着思想品德教育。因此，作为教师，必须不断探索学科教学的教育性规律，弄清德育渗透的理论、方法和途径，不断提高德育渗透的能力，为培养德智体美劳全面发展的社会主义建设人才做出应有的贡献。

第一节　德育渗透的基本原则

德育渗透既是我国"文以载道、文道结合"的优良传统，也是实现中国梦过程中学校思想品德教育的必然要求。作为一线教育工作者，必须遵循德育渗透的基本原则。

一、紧密性原则

在教学中，学生是主体，教学内容、方法、手段等是客体，主体对客体具有能动作用，客体必须是进入主体实践活动领域的现实事物，而不是客观世界整体。显然，选择德育内容和方法，必须根据教学对象的现实思想和认知水平，努力寻找教学对象、教学内容和教学方法的最佳结合点，增强德育过程的针对性，才能使方法可行，收效明显。教师在实施教学过程中，要找准所任学科教材中知识教学与德育渗透的"结合点"。这个"结合点"既要与学生认识过程紧密联系，又要与不同学生实际密切相关；既不能只讲知识技能不进行思想品德教育，又不能只顾思想品德教育而忽视知识技能的传授。

二、适宜性原则

德育渗透要从学科特点和教学内容特点出发，发挥学科优势，展示教学魅力，尽可能使渗透自然生动，流畅顺当，容易被学生所接受。否则，脱离学科特点和教学内容实际，牵强附会，生搬硬套，学生不但不接受，反而会引起逆反心理。在德育渗透过程中，要充分考虑环境、条件及学生生理、心理特点对教育产生的综合作用，考虑技能培养与知识传授及各学科教学的差异，采取适宜的形式在潜移默化中自然渗透。如文科教学可以把德育内容用生动感人的形式再现出来，理科教学可以采取靠严谨的推理或论证来培养学生求实的科学态度和辩证唯物主义世界观。决不能不顾实际需要，任意拔高德育渗透的内容与标准。

三、适时性原则

在课堂教学过程中，渗透时机的把握也很重要。如果德育渗透不是在必要而必须的时候进行，就会削弱德育渗透的效果，甚至会起到相反的作用。为此，教师在教学过程中，要选准德育渗透的时机，抓住德育渗透的有利契机，对学生进行恰当的思想品德教育；要巧妙地启发学生理解教材内容的某些实质，自然地促进学生思想感情的升华和自我认识的完善，切忌盲目、随意、不管时机地"乱"渗透，致使德育渗透产生不了应有的作用，达不到教育的目的。

四、适度性原则

在学科教学过程中，只顾知识传授和能力培养，忽视学生的思想渗透，不符合教学的基本要求；只顾思想教育，不顾知识传授和能力培养，把学科教学变成纯粹德育课的做法也是不可取的。正确的做法是在课堂教学过程中，既要注意德育因素的渗透，又不可冲淡和忽视学科知识与技能的传授与培养，要使二者配合默契，相得益彰。教师可利用自身的阅历、学识、语言能力等，把握准渗透的程度，做到既不冗长、空泛、脱离实际，又不顾此失彼，真正做到适可而止。

五、规范性原则

学科教学德育渗透是教育者有意识的行动，并不是随意的或时有时无的。教师要有强烈的事业心和责任感，在掌握教学大纲，吃透教材内容，熟悉教学对象的基础上，优化教学设计，有目的、有计划、有步骤地实施德育渗透，决不能完全靠随机，更不能以此装潢门面，搞形式主义。优化德育设计要真正做到"四个融入"，即把德育目标融入教学目标，德育内容融入教学内容，德育方法融入教学方法，德育评价融入教学评价中去，建立健全良好的德育机制。

在课堂教学过程中渗透德育要依据教育行政主管部门的具体要求，依据教材所提供的内容，有计划、分步骤地进行。另外，各科新课程标准对思想教育内容与要求也基本上做出规定，这也是学科教学中渗透德育的重要依据。任课教师绝不能随心所欲，想到什么就讲什么，也不能脱离教学内容和学生思想实际，无控制地随意渗透。

六、创新性原则

艺术是以新颖、形象、生动为基本特征的。学科教学德育渗透艺术中的"创新"，是指课堂教学德育渗透要有时代感，要贴近学生实际，反映国内国际的新形势、新成就、新信息，尤其要反映学生关心的身边的新情况、新问题。要做到这一点，首先要做到课堂教学要鲜活。一是指教风活泼，课堂教学德育渗透深刻，可接受性强；二是指教法灵活，能根据学生的心态，选择最佳切入口，充分发挥主导作用、激活学生情感，使之迅速产生移情体验，感悟为人处世之道；三是指教学手段多样，能根据需要，充分发挥与教材中德育渗透点相关的幻灯、录音、录像等电教手段的作用，化远为近，化静为动，化抽象为具体，使语文教学德育渗透易于为学生所接受。

育人工作是一项长期的、艰苦细致的工作，需要教师持之以恒地研究探索，做德育渗透的有心人，才能把握其中的规律，达到游刃有余、渗透自如的效果。

第二节　课堂教学中德育渗透的途径

一、课堂讲授

课堂讲授是教学活动的基本形式，是教师向学生传授知识技能、开发智力、提高认知水平的基本途径，也是目前占用教学时间最多的。课堂讲授在学生品德心理形成过程中起着灌输思想、提高道德认识能力、培养思想感情的作用。课堂讲授带有明显的学科特点，不同学科德育渗透有着各自的优势。政治理论课和思想品德课是学校德育教育的主渠道，它们的教育作用是直接的、毫不隐讳的，教学的教育作用应该在理论与实践的结合上下功夫。人文学科部分内容也是德育内容，德育方式可分为直接式和渗透式。直接式德育的优势不必多说，渗透式是通过欣赏、抒情、论证、比较等形式唤起学生爱国主义、集体主义、人道主义情感，陶冶情操。文科教学应遵循真善美的统一，善必须以真为基础，以美来升华，在传真、扬善、颂美中启迪学生为善、乐善。自然科学教学的特点是知识技能本身没有阶级性，但是人们学习、研究、应用自然科学知识技能的活动，却受某种思想意识的支配，受社会伦理思想和价值观念的制约。这里不仅有个动机问题，也有个态度方法问题。尤其是当代自然观、环境观、发展观以及科学道德观在自然科学教学中都有生动的体现，指导人们按照自然规律与社会发展规律认识自然和改造自然，对塑造高尚人格具有润物细无声的作用。

二、教学实践

教学实践包括实验、实习、参观、调查、生产劳动等。人的品德心理的形成与发展，离不开实践活动，任何知识、思想、能力、情操的发展和完善都是实践活动的结果。实践教学有利于学生了解社会、转变观念、增强信念、锻炼意志、掌握技巧、培养劳动习惯等，是提高学生实践能力和道德判断能力、促进知情意行协调发展的重要环节。要精心设计、精心安排、认真组织教学实践活动，不仅要重视它在学生学会做事方面的作用，而且要重视它在学生学会做人方面的作用，充分发挥教学实践的育人功能。

三、第二课堂

第二课堂是相对于课堂教学以外的一切教育活动。第二课堂活动范围很广，内容丰富多彩，活动方式灵活多样，对学生的身心发展有特殊的意义。第二课堂有助于学生形成良好的思想品德，开发学生智慧才能，增强学生体质和审美情趣，以多样化方式实现教育的个性化，可以实现多重教育任务。第二课堂以其特有的形式，把德育内容和要求隐含在自己的活动中，容易跨越学生的心理障碍，在不知不觉中接受教育，给学生留下深刻的印象，产生课堂教学不易获得的教育效果。尽管第二课堂的教育意义是大家公认的，但一些学校和教师对它的重视程度远不及课堂教学。由于受传统教育观念和应试教育的影响，不少人只重视课堂教学，教学计划得到了认真落实。然而，第二课堂则很随意，可以被占用，也可以被取消；有时开展一些活动，也仅仅作为一种课堂教学的调节方式，很少下功夫挖掘它在学生思想品德培养方面的潜能，从而大大削弱了第二课堂的作用。要转变教育思想和观念，像重视课堂教学那样重视第二课堂，认真落实第二课堂教育实施计划，努力提高第二课堂的教育效果。

第三节　课堂教学中德育渗透的方法

一、挖掘教材法

在语文教学中，挖掘教材中的德育因素，渗透于教学活动之中，让学生入境、生情、悟道，从中受到品德的熏陶和感染。如教学节选自《红楼梦》的《葫芦僧乱判葫芦案》一文，就可以深入剖析课文的情节，揣摩人物的细节，挖掘小说的思想内涵，使学生认识贾雨村的性格，紧紧抓住细节中几段要言破的"警语"："老爷荣任到此，难道就没抄一张本省的护官符不成？""四家皆联络有亲，一损俱损，

一荣俱荣 ……"使学生认识旧社会官官相护、徇情枉法的丑恶行为。

二、情境感染法

根据教育目标和教学内容的需要，采取种种方法，创设一种浓郁的教学情境，使学生从中受到感染。在语文教学德育渗透中，教师运用情感性教学手段，渲染一种与教学内容相应的气氛，以引起学生情感上的共鸣，有效地达成德育目标的方法，即为渲染渗透法。特级教师于漪说得好："教师要以作者之情化为自己之情，以自己之情点燃学生之情。"她在教学《周总理，你在哪里》一诗时，就调动情感教学手段进行启发渲染，她的话字字句句叩击学生心弦，把学生一步步地引向情感深处，使学生耳边仿佛响起高亢悲壮的旋律，进入山谷回响、大海呼唤的境界。课堂上一片啜泣之声，学生在情感共鸣中感受到总理的高贵品质和伟大人格，进一步受到潜移默化的思想品德教育。

三、语言熏陶法

语言是教师传授知识的主要载体，也是对学生进行思想教育的主要手段之一。课堂教学过程中，教师要充分发挥有声及无声语言的作用，透过教材内容的外壳，进行情的迁移、情的默化，让学生受到良好的思想熏陶。现行教材中具有丰富的德育因素，广阔的德育天地，如语文、地理教材中展示的西湖的明艳、五岳的雄浑，草原的绮丽，三峡的壮观……数理化教材中蕴含的正数与负数、正电与负电、化合与分解等对立统一观点，以及简练、齐整、和谐、对称的科学与形式美，所有这些，如果我们运用绘形绘色、富有感染力的语言，在知识传授的同时，对学生进行德育渗透，就可以使学生从中受到熏陶，从而激发学生热爱科学、建设祖国的豪情壮志。

四、启发诱导法

引导学生正确对待违背道德评价标准、不正当的道德行为。例如在语文教学中，要促使学生向符合社会肯定的道德评价标准的方面转化，让学生在对比中明辨是非，确定情感倾向，提高辨别善恶的能力，在大是大非面前头脑清醒，在风云变幻之际立场坚定。如《伤仲永》一文寓理于事，先扬后抑，对比鲜明。仲永五岁即可"指物作诗立就"，到二十岁时作诗即"不能称前时所闻"，最后"泯然众人"，这说明天赋并不是成才的唯一条件，玩物可以丧志，贪财毁灭人才。

五、讲授分析法

讲授是教师传授知识的主要手段，也是德育渗透的重要手法。在课堂教学过程中，教师应根据德育目标的需要，通过对教材内容入情入理的分析，来渗透思想品德教育。

六、主题演讲法

根据本学科德育目标的教学任务以及中小学生的年龄、心理特点，一次选择一两个有思想教育意义的专题，组织学生准备资料，编写提纲，找个适当时机进行演讲，可以收到很好的效果。如有一位地理教师讲完中国地理概况后，以"祖国我爱你"为题，组织学生收集资料，之后又进行了演讲，这样既锻炼了学生的口头表达能力，加深了对地理教材的理解，又培养了学生的爱国主义情感。

七、增补事例法

就是在课堂教学过程中，根据德育目标的需要，联系课堂讲授内容，补进一些有关的论据或事例，对学生渗透思想教育。如一位化学教师在相关教学中，首先向学生讲述了我国古代劳动人民早在春秋战国时期就已掌握了冶铁技术。然而在新中国成立前，我国的钢铁工业几乎为零，以至于连最常用的一些铁制品都要戴上"洋"帽子等。在讲述"煤油"和"火柴"时，又补充了一些关于"洋油"和"洋火"等名词与事例，收到了良好效果。

八、强化主题法

在语文教学中，从发扬作品中人物的优秀品质入手，按照既定的德育目标，多侧面、多功能地加以强化、渗透给学生的方法。在这方面，《出师表》就是很好的教材，诸葛亮恳切要求后主"亲贤臣，远小人"，再三强调，"官中府中，俱为一体，陟罚臧否，不宜异同"。并且提醒皇上"亦宜自谋，以咨诹善道，察纳雅言，深追先帝遗诏"的这种鞠躬尽瘁、死而后已的精神品质，即可在德育渗透艺术中传达出来。

九、探微索幽法

根据教学目标的需要，对教材本身的内容进行深入挖掘，借以渗透思想教育。如数学课，表面一看都是概念、公式、定理、定义等，非常枯燥。如果引导学生深入进去，使他们认识数学概念的简单、统一，数学公式的简练、齐整，数学定理的概括、典型，数学图形的和谐、对称，数学结构的协调、完备，数学方法的奇妙、多样等，都可以对学生渗透审美教育。

十、审美教育法

现行中小学教材很注意对学生进行审美教育，不论是自然、地理展示的自然美，音乐、美术、语文展示的艺术美，历史、政治展示的社会美，还是数学、理化展示的理性美，都是教师对学生进行思想品德教育的好教材。只要运用得当，学生都会受到情的感染，美的熏陶。

十一、联想扩展法

联想能反映事物之间的内在关系，是由疑而释，由塞到通的纽带。如语文课教学沈括的《活板》，可以联想到我国的"四大发明"，说明我国文明早已走在世界文明的前列，只是近百年来由于历史原因才显得落后。在弘扬民族文化、加强精神文明建设的今天，我们完全可以充满自信地、昂首阔步地跻身世界民族之林，无须自轻自惭。在德育渗透艺术传达中既可由此对学生进行爱国主义教育，又可以增强学生的民族自尊心和自信心。

十二、渲染气氛法

"问渠那得清如许，为有源头活水来。"课堂教学德育渗透艺术构思与传达的方法多种多样，但最为关键的是，构思与传达的主体这一"源头"必须"活水"长流。也就是说，教师必须具备敏锐的洞察力和深刻的思考力，能根据教材的特点和学生的实际，灵活运用；能把学生自然地引入清新、和谐的情感氛围中，让他们去领略课堂教学德育渗透艺术殿堂里一幅幅闪耀着人类理性光辉的美丽图画。

　　除上述方法外，还可以采取解疑答难法、组织讨论法、兴趣教学法、榜样启迪法、直观教学法、推荐读物法、纵横比较法、上挂下连法、参观教育法等。

　　课堂教学德育渗透是一门综合性的艺术，这牵涉到教师在教学中如何做到知识、能力、觉悟的统一，牵涉到教师熟练地运用教育教学理论正确处理教材及对教学各环节的设计，牵涉到教师如何把握学生的思想脉搏不失时机地选取渗透点和教法实施德育教育。在课堂教学中进行德育渗透，需要任课教师具有浓厚的基本功、强烈的责任感和高尚的道德情操。只要教师有意识地、自觉地将德育渗透于教学实践中，学生良好的思想品德就有可能如同"春雨"随"春风""潜入"学生的心田，德育教育就能收到良好的效果。

第十五章　课堂教学中的学法指导艺术

学法指导是中小学教学研究的一个新领域。所谓学法指导，通俗地讲就是"教会学生学习"，也就是指教师在教学活动中，对学生进行学习方法的传授、诱导和诊治，使学生掌握科学的学习方法，并灵活地运用于学习之中，逐步形成较强的自学能力的教学活动方式。

陶行知先生曾说过，"我以为好的先生不是教书，不是教学生，乃是教学生学。就是把教和学联系起来，一方面要先生负指导的责任；一方面要学生负学习的责任。对于一个问题，不是要先生拿出现成的解决方法来传授学生，乃是要把这个解决方法如何找来的手续程序安排妥当，指导学生以最短的时间，经过类似的经验，发生相类的联想，自己找出这个方法来，并且能够利用这种经验来找别的方法，解决别的问题"。第斯多惠指出，不好的教师是转述真理，好的教师是教学生去发现真理。由此可见，在课堂教学中对学生进行学法指导是特别必要的。

学生学习，是人类学习的一种特殊形式，即在教师的指导下，有目的、有计划地掌握前人积累的知识和经验，并促进自身智力、品德发展的活动过程。学习要讲究方法，正确的学习方法是提高学习效率，完成学习任务的重要手段。学生掌握的学习方法，有时是在教学活动中潜移默化形成的。但是，教师有目的、有计划地通过教学活动对学生进行学法指导，仍是学生掌握正确的学习方法，养成良好的学习习惯的主要途径。

重视学生学法指导，是现代教育的一大特色。马克思主义教育哲学告诉我们，学生的学习活动是一种在教师指导下的独立、主动的认识活动，别人是无法替代的，不论是把人类积累的认识成果转化为学生的知识财富，还是把知识转化为学生的智力和品德，都得经过学生自己的积极思考和实践。而学生的思考和实践的方法如何，则会直接影响学生的学习效果和质量。因此，教会学生学习，认真进行学习方法的指导，这确实比传授知识更重要。另外，从我们所处时代的社会要求来看，也必须教会学生学习，注重学习方法的指导。

第一节　课堂教学学法指导的原则

一、针对性原则

针对性原则就是要针对学生的实际特点和实际问题，对症下药地指导，这是学法指导的最基本的原则。贯彻这一原则的要求有以下几点。

（一）针对学生的年龄特征

小学生知识水平有限，思维水平低，注意力不能持久，学习技能不很熟练，因此，指导要具体、生动、形象，多举典型事例。侧重于学习技能培养，使学生养成良好的学习习惯。

（二）针对学生的学习类型差异

①针对"双基"扎实，学风踏实，学习有法，智力较高，学习成绩稳定在优秀水平的优良型，要侧重于帮助学生总结并自觉运用学习方法；②针对学习能力强，但不主动，学风不够踏实，"双基"不够扎实，学习成绩不稳定的松散型，要主动解决学习态度问题；③针对学习刻苦认真，但方法较死板，能力较差，基础不够扎实，成绩上不去的认真型，主要解决方法问题；④针对学无兴趣，不下功夫，底子差，能力弱，成绩低，处于"学习脱轨"和"恶性循环状态"的落后型，主要解决兴趣、自信心和具体方法问题。

（三）针对学生的学习环境和条件

学法指导要努力为学生创设良好的物质环境和条件，从实际出发，对条件好的学生，激励他们要珍惜优越条件，充分利用条件，发挥更大的主观能动性；对条件差的学生，要鼓励他们克服困难，在逆境中前进。

二、整体性原则

这一原则是指在指导过程中，要注意学习方法与其他学习和整个心理活动的有机联系。从学习方法不当的成因中，我们不难看出，要想使学生形成正确的学习方法，需要从多方面进行指导和训练。要提高学生对学习方法重要性的认识，对学习特点的认识，对自身状况和条件的认识，要激发学生的学习动机，增强学生的意志力等。只有这样我们才能从根本上帮助学生掌握正确的学习方法。所以在进行指导时，要把学习方法放在一个大的背景中考虑，不能为方法而方法。只有坚持整体性原则，才能使指导更加有效、准确、持久。

三、自主性原则

学法指导的根本目的是为了让学生在学习过程中，掌握科学的学习方法，提高学习效果，并为今后的学习与工作打下基础。为此，必须使学生树立学习中的主体意识，认识到自己是学习过程的主要方面，是学习的主人，进而发扬主人翁精神和主体意识，逐步明确自我学习目标，自我激发求知欲望，自我保持学习兴趣，自我调节学习行为与策略。

没有学生的主体意识和自主精神，就谈不上对学习方法的主动把握与自觉运用，也谈不上形成良好的学习习惯。如果做不到这一点，学生就不会自觉地、积极地、主动地去接受并掌握学法。可见，要进行学法指导，必须与激发学生学习的自主精神相结合，并作为首要环节来抓。

四、实践性原则

这一原则是指在学法指导过程中，必须要以学生的学习实践活动为基础，仅从理论上阐述、解释是远远不够的。例如，要使学生学会科学的记忆方法，就必须在讲解记忆方法的基础上，进行大量的练习与训练；要使学生提高阅读效率，就必须引导学生多读书、读好书，在大量的阅读实践中掌握阅读方法。

五、渗透性原则

这一原则是指要把学习方法指导渗透到整个教学过程中，渗透到各科教学中，使学生通过具体的学习活动，掌握科学的方法。大多数学习方法不当的形成与教学过程有关，是由教学过程引起的，因此，教师在课堂教学过程中，要把传授学习方法和学习知识结合起来，使学生在学到知识的同时也学到方法。一般来说，应从五个环节来渗透学法指导：

（1）备课时要备学情、明学法，即要了解任课班级学生的学习心理，做好渗透学法指导的准备；

（2）预习设计要指点学法，既要教会学生全册预习法、单元预习法，还要照顾各学科的特点，指导相应而具体的预习方法。如语文学科，就要注意指导学生学字法、解词法、造句法、阅读法、背诵法、作文法等具体的方法。

（3）要树立"以学定教"的思想，安排课堂教学时，要勇于改革传统的以"教"为核心的课堂结构，设计以"学"为中心的课堂结构，形成"教"与"学"的同步推进。

（4）课堂上要实现教法与学法的有机结合，选择教法要有利于指导学法，如指导学生解应用题，不能单纯地教给学生结论，也不能就题论题，要教给学生某一类应用题的思考、解题方法。

（5）讲解知识点要注意点拨学法，练习设计要有助于学生运用学法、迁移学法。如一位教师指导学生分析课文，首先给学生讲解探求文章思路的析题法、借用法、归纳法、拈词法、琢句法、延伸法、图示法、勾要法、类推法、比较法等，然后再让学生结合具体课文去运用，以后每教一课都重复点拨，使学生熟练掌握分析文章思路的方法。

六、自悟性原则

学法指导的根本目的是为了让学生掌握学法，学会学习。而科学的学习方法是在人们学习经验基础上形成的。作为教师除了有目的、有系统地指导学法外，还要注意帮助学生在总结学习经验的基础上自悟学法，并鼓励他们多在实践中自我探究，自悟学法。其途径有：

（1）搜智集见，即动员全班学生分组讨论学习某一知识或解答某一疑难的最佳方法，以便集思广益。

（2）总结归纳，即要求学生在学习某类课文或某一单元知识后，自我总结学习经验，然后帮助学生进一步条理化，从而引导学生巩固和深化自己的学法。

鉴于学生的智力水平有一定差异，在学法指导时，要像知识传授那样，注意因材施教，即根据学生的不同学情特点、不同的智力水平以及学习心态，在指导班级群体的同时，多进行个别指导，使学生找到切合个人实际的最优学习方法。

第二节　课堂教学学法指导的途径

要搞好学生的学法指导，我们应从以下几种途径去指导。

一、精心设计，多形式进行学法指导

加强学生学法指导，要结合各学科的特点，以学生学习心理、学习过程、认识过程和认识规律为研究对象，揭示各学科学习的本质、规律，探索科学的学习方法，加强语言修养，指导学生学习，提高能力。学法指导从内容上讲，首先要重视指导学生掌握优化学习环节的方法；其次要从端正学习态度，培养顽强的学习意志，养成良好的学习习惯等方面，对学生加强激发学习动机的方法指导；再次要加强开启智能潜能，培养创造才干的指导。从具体操作上看，应当长计划，短安排，坚持循序渐进，一以贯之。

二、有机渗透，寓学法于教法之中

课堂教学，是学法指导的根本途径，也是学法指导经常化、具体化、出效益的最有效途径，因此，学法指导应渗透于课堂教学之中。课堂教学应当是一个过程，而不是一个支离破碎、杂乱无章、随意组合的复合结构。在这个过程中，要以学生怎样学习为导向，教学生学会学习。为达到此目的，就必须改革传统的以"教"为中心的课堂结构，设计以"导"为核心的课堂教学结构。

三、建章立制，确保学法指导到位

学习常规，是学法指导的合理积淀，能对学生学法实行有效调控，具有较强的激励、制约和导向作用。叶圣陶先生给《中学生》杂志写的副刊词中特别强调："凡是好的态度和好的方法，都要使之化为习惯。只有熟练得成了习惯的态度才能随时随地运用，好像出于本能，一辈子受用不尽。"要使学生形成良好的习惯，就要帮助学生拟定一些学习常规，如自学（预习）常规、上课常规、阅读常规、作业常规、复习常规、课外学习常规等。让学生按常规学习，以便养成良好的学习习惯，只有按一定规范形成的习惯，才是良好的习惯。这是人们常说的"大匠诲人，必以规矩"。学法指导设计的要求是：1.每课时学法指导都要紧扣教学目标；2.每课时的学法指导依据内容特色；3.每项学法都要有具体的操作要领；4.每项学法都有相应配套的系统训练题，从而保证学法指导到位。

四、横向联系，实现学法"共生效应"

横向联系，就是要在学法指导中把本学科的学习和其他学科的知识广泛联系起来，由局部转向全面，由微观转向宏观，使本学科知识和其他学科知识在相互渗透中融会贯通，协同发展，产生相互促进的"共生效应"，从而有利于学生素质的提高。进行学法指导时教师不能太主观，还必须重视学生在学学法、用学法、创学法方面的积极性、主动性和创造性。

总之，加强学生的学法指导，教会学生自己学习，是当前教学改革的重要任务。每个教师必须在教学的全过程中，加强对学生的学法指导，使学生掌握正确的学习方法，培养学生养成良好的学习习惯，让其终身受益。

第三节　课堂教学学法指导的方法

一、指导学生要会"听"

在教学过程中，学生听课是学习的重要环节。听课质量如何直接影响学习的效果。然而，有的学生听讲能力较差，听不出重点、难点，听不出条理、层次，这样听课就没有效果。因此，教师要重视增强学生听的能力，要教学生如何会听。

课堂教学中指导学生听课，必须从培养学生的学习兴趣来集中学生的注意力，激活其原有的认知结构，专心听讲。具体应该做到以下几点：

首先，指导学生做好课前准备，包括心理上的准备、知识上的准备、物质上的准备、身体上的准备等。其次，指导学生认真听讲，主要应注意听老师每节课开始时所讲的教学内容、重点和学习要求，注意听老师在讲解教材关键部分的提示和处理，注意听老师对概念要点的剖析和概念体系的串连，注意听老师每节课的小结和对某些较难习题的提示等，听老师上课的思路，即发现问题、明确问题、提出假设、检验假设的思维过程。既要听老师讲解、分析时的每一句话，更要抓住重点，听好关键性的步骤，概括性的叙述。特别是自己读教材时发现或产生的疑难问题。同时，要引导学生学会听同学发言，倾听和接受他人的思想和方法，有利于自己开阔思路、激发思考、澄清思维、引起反思。学会倾听老师和同学的意见，反思自己的想法，有助于发展学生良好的个性，养成与人交流的习惯，培养团结协作的精神，增强群体凝聚力。然后，指导学生及时做好各种标记、批语，有选择地记好笔记。最后，培养学生养成先看书后做作业的良好习惯。即在做作业之前引导学生一定要认真地阅读教材，结合老师课堂讲授，把知识梳理一遍，这样既保证了作业质量，又做到了充分的巩固、复习。

二、教会学生要能"读"

教会学生能"读"首先是读教材。教材是学生学习数学的主要材料，它是数学课程教材编制专家在充分考虑学生生理心理特征、教育教学质量、数学学科特点等诸多因素的基础上精心编写而成的，具有极高的阅读价值。读教材包括课前、课堂、课后三个环节。课前读教材属于了解教材内容，发现疑难问题；课堂读教材则能更深刻地理解教材内容，分析相关的问题，掌握有关知识点；课后读教材是对前面两个环节的深化和拓展，达到对教材内容的全面、系统的理解和掌握。

课堂教学中指导学生阅读课本，主要是指导学生从各个方面去深入理解课本内容。

（一）读课题

要求学生细细体会课题，能提纲挈领地抓住主要内容。例如，在小学数学教学分数除法中的"分数除以整数"一课时，出示课题后可让学生联系分数乘法想到本课的主要内容是学习分数除法的意义和分数除以整数的计算方法。

（二）读例题

在尝试练习时要求学生带着问题读例题，初步领会解题方法。如在"解简易方程"的教学时，可在出示尝试题后让学生带着解方程的格式和注意点去阅读例题，掌握解方程的方法。

（三）读插图

教师应指导学生认真阅读课本上的插图，使学生更具体、更形象、更准确地理解文字的内容。

（四）读结语

首先要求学生对教材的结语逐字逐句地理解分析，以便准确地把握。如小学把分数化成百分数的结语里同时用了两个"通常"，在总结方法时可以让学生通过讨论，明确两个"通常"的具体含义，比较出不同，以便更好地掌握。再如，地理课上，关于"经线""纬线"两个概念，都提到"在地球仪上"，要让学生理解它的含义。

其次是指导学生读除读教材外的有益书刊，学生应广泛阅读课外读物，如读报不仅能使学生关心国内外大事，也能使学生关注我们日常生活中的科学知识，捕捉身边的科技信息，感受先进人物的典型事迹，积累作文写作素材。

最后还要教会学生"读"生活。有人说教育不再是未来生活的预备，而是儿童现实生活的过程。生活是一本很好的书，是教学的丰富源泉，也是学生们认识世界的重要途径。教师积极创设活动，让学生生动、活泼、主动参与到"读"生活的过程中去，增强学生的自我体验与实践，发展学生的精神世界和知识储备。

三、引导学生要多"讲"

课堂教学过程中，教师可以根据教材特点组织学生说，启发、指导学生发表见解，有顺序地讲述自己的思维过程，并让尽量多的学生能有讲的机会。教师不仅要了解学生说的结果，也要重视学生说的质量，这样坚持下去，有利于培养学生的逻辑思维能力。例如，在数学课上，教师要鼓励、引导学生在感性材料的基础上，理解数学概念或通过数量关系，进行简单的判断、推理，从而掌握最基础的知识，这个思维过程，用语言表达出来，这样有利于及时纠正学生思维过程的缺陷，对全班学生也有指导意义。

在课堂教学过程中，教师要有意识地引导学生发言，给他们创造机会，一是让他们讲学习体会。学生通过读教材、读书刊，听上课、听发言后，通过自己的反思，再将自己"读、听"的体会讲出来，可以加深"读、听"内容的理解和掌握。如讲教材内容，讲报纸杂志上的内容概要，讲对老师上课、同学发言的看法，甚至讲自己存在的疑问等。在讲的过程中，拓宽了评价的渠道和方式，也对知识进行了再学习和思考。二是让他们讲解题思路，这对于数学课尤其重要。我们知道，学习数学离不开解题，但不能为解题而解题，应在解题过程中重视解题思路的讲解，哪怕是错误的思路从中也能吸取经验教训，深刻理解数学概念和原理。以学生的作业作为了解学生学习状况的唯一通道往往掩盖了学生思维的完整过程，是不全面的。通过学生大胆地讲，才能全面反映学生的思想，暴露学生思维的过程，以利于教师掌握准确的反馈信息，及时调整教学计划。

四、鼓励学生要善"记"

俗话说"好记性不如烂笔头"，足见笔记的重要性。记笔记有一定的技巧，如果掌握得好，对学习往往能取得事半功倍的效果。因此在教学中，教师首先要指导学生学会做学习笔记。一是老师板书的课文的结构图解、关键性的内容等；二是老师特别强调的重点和难点；三是对理解课文内容有帮助的一些关键性的知识。教师要指导学生"记"的方法，首先要注意记笔记的方式。记笔记有用笔记本的，有记在书上的，也有二者结合的。用笔记本结合书本的方式效果是比较好的。对老师板书的较为完整的、文字量比较多的内容，如课文结构图、人物及情节分析等，可记在笔记本上，使之一目了然；对字、词、句的分析，课文的段落层次以及有争议的地方，学习中的疑难问题等，可直接记在书中与之相应的地方，既省时，又方便复习。

五、启发学生要勤"思"

知识，只有通过大脑的积极思维，而不是单纯凭死记硬背得来的才是真正的知识。这说明思考在学习过程中的重要性。正如孔子所说的"学而不思则罔"，因此教学生学会思考不仅重要，而且必要。"学起于思，思源于疑"，疑是探求知识的起点。在教学过程中，教师科学提问，不仅能把教学内容逐步展开，也是引导学生思考，启发学生思维的重要手段。因此，要真正启发学生思维，教师应精心设计问题，注意提问艺术，要找准问题，精选问题，组织问题，引导学生思考，得到正确答案。

六、激励学生要常"用"

毛泽东主席曾说过，"读书是学习，使用也是学习，而且是更重要的学习"。要激励学生把学到的知识与生活实践紧密结合起来，也就是要"用"。大家都知道，数学是一门工具学科，它来源于生活，又要回归于生活。数学是现实世界的抽象反映和人类经验的总结，是构成现代文化的重要组成部分，数学知识的学习必须与数学应用有机地结合起来，正如"学以致用"是我们一直所倡导的。从知识的掌握到知识的应用不是一件简单、自然而然就能实现的事情，应该让学生从具体的事物中提炼数学问题，用数学知识来解决日常生活中的一些问题，这样有助于学生数学应用意识的形成，有助于他们学会用数学的理论、思想和方法去分析解决其他学科的问题和生活、生产的实际问题，真正体现数学的应用价值。

语文的作文教学如果只停留在教师的课堂指导，而没有写作实践，学生是不可能写出高质量的作文来的。因此，要给学生提供多写的机会，如参加"小记者"活动，深入农村、工厂进行实地采访，使他们有更多的写作机会，作文水平一定会有大幅度的提高。

　　古人有句名言："授人以鱼，只供一饭之需；教人以渔，于终身受用无穷。"这是用比喻的说法来表达"学法指导"的极其重要性，也体现了叶圣陶说的"教是为了不用教"的思想。"一个坏教师奉送真理，一个好教师教人发现真理"，"教人学会"进一步就是"教人会学"。现代是一个信息时代，创造性的时代，它要求受教育者在学校就要学会"高效率地处理信息以创造新的文化资源"的方法。因此，作为一线教师，必须在教学过程中不断探索和加强对学生学法的指导，使之成为促进学生成长的推进器。

第十六章　课堂教学的体态语言艺术

教师课堂体态语言艺术在课堂教学中的功能和作用越来越为人们所重视。国外一位著名学者曾说过:"非语言交际对教师至关重要。研究表明,教师如果学会了如何在课堂上更有效地运用体态语,师生之间的关系就会得到改善。不仅如此,学生的认识能力和学习效率也会提高。"每一位任课教师除了应具有较好的语言能力外,还应特别重视体态语在教学实践中的重要作用。

第一节　课堂体态语言的内容及意义

一、教师课堂常规体态语言艺术的内容

（一）身体姿态

身体姿态是一种处于静止和无声状态的非语言交流,可分为坐姿和站姿两种。自古以来中国人就讲究"站有站相,坐有坐相",并提倡做到"站如松,坐如钟"。可见坐姿和站姿在一定程度上能够反映一个人的精神状态和文化修养。人们常常通过观察他人的姿态来衡量其文明程度和个性特征,甚至会据此在交谈之前对对方形成肯定或否定的印象。在教学过程中,教师的体态可以表明教师的精神状态和风貌。因此,教师的站姿和坐姿应当自然、放松,两腿平衡分立,应避免身体重心在两腿间频繁交替,不应瘫坐或仰坐在椅子上,更不能趴在讲台上。

（二）面部表情

人的面部表情与人的情感活动密不可分。人的基本情感,如喜、怒、哀、欲、爱、恶、惧都可以通过面部表情反映出来。心理学家认

为，信息总效果的7％来自文字,38％来自音调,55％来自面部表情。由此可见,面部表情在人际交流中占有相当重要的地位。

任课教师在教学过程中的表情应和蔼、亲切、充满工作热情,授课应富有感情。只有这样,才能与学生产生情感共鸣,激发学生参与课堂的意识和热爱学习的兴趣。教师不应是呆若木鸡、冷若冰霜的人,否则师生沟通起来都很困难,哪里还谈得上什么教学效果。

（三）眼神

人们常说,"眼睛是心灵的窗口",眼睛在人际交往中的重要性可见一斑。人们用眼睛所传达的信息是无限的,因此我国早就有"眉目传情"的说法。

在课堂上,眼神是体现师生的非语言思想的关键点。教师讲课时,不能昂首望天,目中无人;也不能东张西望,若有所失;更不能死盯着教案讲义,照本宣科。实践证明,教师的目光和学生的目光接触的时间越多,获得学生信赖、激发其兴致的可能性就越大(据心理学家测试,这种接触的时间,应达到整个讲课时间的60％～70％)。教师讲课时,应以敏锐而亲切的目光有意识地关注每一个学生,使他们感到没有被冷落。当然,整个目光还要随着教学内容的进行、学生的情绪等自然地变化。

有位颇有经验的教师介绍,在讲授过程中,教师的注视点应从中间一排开始,逐渐后移,一直到最后一行学生。然后再从左或右自最后一行开始,直到最前排,最后再到另一行,从前看到尾,使每一个学生都有与教师目光交流的机会。

（四）手势

手势实际上是体态语言的核心。因为在人的体态语言中,手势所占比例最多,也最细腻生动,运用起来也更自如。通常情况下,人们通过手的接触或手的动作可以解读出对方的心理活动或心理状态,同时还可将自己的意图传达给对方。教师的手势共有三个作用:1.澄清和描述事实;2.强调事实;3.吸引注意力。

手势的效果在于是否用得恰当、适时、准确。所以教师讲课应伴以适当的、准确无误的手势,以加强表达效果,并激发学生的听课情绪。但次数不应过于频繁,幅度也不能过大。切忌不停地挥舞或胡乱地摆动,也不要将手插入衣兜或按住讲桌不动。手舞足蹈会令人感到轻浮不稳重,过于死板又会使学生感到压抑,总之应以适度为宜。另外,还应注意不用各种消极的手势,如用食指指人,用黑板擦不停地敲击桌子,玩弄粉笔或衣扣等。

（五）服饰

人们讲究服装和饰品,既是出自追求美的本能,更是为了达到交际的目的。服装和饰品除了能满足一定的心理需求外,还能表明人的身份、地位和职业,改善人的社会环境和人际关系。"以貌取人"固然不对,但服装饰品确实可以改变一个人的面貌,从而改变他(她)在别人心中的形象。教师的服装应以整洁、大方为原则,切不可穿奇装异服,过分打扮,穿拖鞋,染彩发,佩戴过大或过于张扬的首饰等, 当然也不能肮脏邋遢,不修边幅。

二、教师课堂常规体态语的意义

（一）体态语能促进教师和学生的双向情感交流,使教学信息得以顺利传授

教育心理学研究表明,学生智力潜能的开发与发挥,受其学习过程中情绪状态的影响。学生在课堂上情绪的变化受教师体态行为的制约。教师的表情、眼神、身姿、手势无不影响着学生的心境和态度,进而对学生的情绪产生极大的暗示性和感染力。教师积极的体态语会促进学生的智力活动,使学生产生一种轻松愉快、自然明朗的情感。积极的情绪和愉悦的心境有利于教学信息的传授、加工和储藏,并能激发学生的学习动机。教师一个信任的目光,一个赞赏的微笑都会给学生带来巨大的精神力量。教师和谐有度的教态必然会赢得学生的信任和尊敬,使其保持学习兴趣,发挥思维潜力,因而形成活跃的课堂气氛。活跃的课堂气氛无疑对整个教学信息传授起着非常重要的作用。

（二）体态语能吸引学生注意力,有利于组织、优化教学

教学过程是学生有意注意与无意注意交替运用、共同发挥作用的认识过程。单靠有意注意支撑学习会使学生疲倦,难以持久。教师必须

根据学生的特点充分发挥无意注意的作用。如讲课过程中教师的那种富于变化的表情、抑扬顿挫的语调、变换的节奏，配以指引性手势或加强性手势并自觉地变换身体姿态、视线和与学生的空间距离，可以悄悄地把学生的注意力吸引过来，从而起到组织优化教学的作用。因此，在教学过程中，教师体态语对于集中学生注意力，往往比语言提示更为有效。

（三）体态语可以传达更为丰富真切的知识信息，可以加大教学信息密度，增加学生对有用信息的接受程度

从教育心理学上讲，多种形式的信息同时作用于学生的大脑，可以刺激大脑两半球同时活动，使抽象思维与形象思维得到和谐的统一。这样产生的多种神经联系使理解更为深刻，记忆更为牢固。由于体态语的抽象程度比较低，往往较为形象，所以能更生动地表现人的内心活动。如教师在讲解舞蹈艺术、技术操作等课程时，很大程度上是靠体态语言的客观性和规定性直接进行知识传授的。体态语在教学中与有声语言相比，更直接地刺激学生的视觉器官。教学实践证明，要扩大学生对教师发出的有用信息接收量，就必须增加对学生的感官刺激，以保持学生大脑皮层的兴奋，增强其信息接受系统的摄取功能，从而有效地提高课堂教学效果。

第二节　教学体态语言的主要特征

（一）依附性

众所周知，语言是人类最重要的交际工具，言语交际是人类最重要的交际形式。而教学体态语则和一切非言语交际手段一样，是凭借身体姿态、面部表情、手势动作等来传递信息，交流情感，它们都是传递言语信息即言语交际的辅助手段，是一种伴随语言，它永远不能成为真正独立的交际方式。即使偶尔有之，那不是"钻了政策的空子"，便是"时势造英雄"。这种依附性是它区别于有声教学语言

的根本特征之一。正如陈原先生在《社会语言学》所说，在特定环境中或特定语境中，人们需要用手势语来补充有声语言的不足或不可能，甚至在特定语境中竟然代替了有声语言，但这并不能改变手势语在那里只是一种辅助的交际工具。但我们说，也正因为依附性的存在，教学体态语跻入课堂教学才是可能的、合理的，也才是名正言顺的。

具体说来，教学体态语的依附性主要形成原因有三点：一是课堂教学中教学体态语不具备系统连续功能，它只能在必要的表达阶段内存在；二是体态语言本身的多义性决定了它必须以明确的有声语言作为学生选择适当体语义项的暗示，此处有声语言当指不在场人物语言；三是体态语在整个交际语言环境中的地位的一般从属性。我们可以举教师走入课堂一例来说明教学体态语的依附性。

如果一课伊始，某教师一进教室就瞪大了双眼，而又始终不说话，这时候学生就无法领会意思，甚至生出茫然和恐惧来。究其原因：（一）交际语境模糊。是教室里脏、乱、静、美，还是有学生迟到等。（二）体态语言多义。"瞪眼"这一体语的基本义项至少有：①愤恨；②惊讶；③害怕；④仇视；⑤呆愣；⑥不满等。要真正准确理解"瞪眼"这一体态语，就必须创设特定环境或依靠有声语言的表达。只有了解了教学体态语的依附性，才能求得教学语言形象深刻。

（二）直观性

教学的直观是使学生获得感性认识的重要手段。在信息变换过程中，信息处理是关键，而所获直观印象又是信息处理的基础和根本。直观印象反复强化可以加深对信息的感性认识，而经过提炼、整合最终达成理性认识。这里直观印象的达成乃是凭借言语直观和视觉直观。可是言语直观尽管可能因为叙述得具体生动而加深感性认识，但它只占信息获得贮存量的10％左右。而学生在课堂上接受的信息有80％～90％是通过视觉获得，而体态语言正是以它的动作、姿势、表情等直接作用于对方的视觉神经和触觉神经来传递信息、交流思想，具有视觉直观性特点，效果远胜于言语直观。从这里不难知道，教学是视觉艺术和听觉艺术相结合的时空艺术，而使其成为空间艺术的则是作为视觉艺术的教学体态语。而视觉艺术具有形象性、主体性和审美性的特征。

具体地说，它必然地以一定的实体性物质材料创造出一定空间位置的形象，它的空间意识存在于视觉、触觉和运动感觉之中。作为视觉艺术的教学体态语，它也就必然具有以可视形象来思维的基本特征。故而有经验的教师在讲解到重点难点时都是眉飞色舞、手舞足蹈，甚至借助道具、动用多媒体，投入大量的体态语言，借以达到化抽象为具体，寓无形于有形的目的，取得强烈的直观渗透效果。词义是抽象的，词义所附着的感情色彩褒贬反用的认识更是抽象。一位年轻女教师举《藤野先生》一文"清国留学生……也有解散辫子，盘得平的，除下帽来，油光可鉴，宛如小姑娘的发髻一般，还要将脖子扭几扭，实在标致极了。"一句中"标致"为例讲解，她先猫步亮相，T台风姿，卓然璀璨，可谓漂亮；转而佯装吐沫手中，怪里怪气抹在发上，仰头扭颈，夸张滑稽，乖丑毕现。继而解释说，"标致"一词的褒贬色彩与语言环境的变化，犹如同样风姿与不同场合与扮相之美丑变化，此为活用。学生释然，究其缘由，功在体态之视觉直观。

（三）立体性

言语交际是线性的，话是一句一句说的，词是一个一个吐的，它的传播是单通道的，绝不可能在同一时间里说出两个符号，而体态语则不一样。在大脑和中枢神经的指令下，身体的任何部位，包括嘴巴在内，都能多部复合，整体联动，以各自的方式传达一个信息。而除嘴巴发出的言语信息之外，其余均为体语信息。故而体态语的表达是立体的，多通道的，可众头并举的，音容笑貌都能同时发射出同种信息或多种信息。

教学体态语借助身体各部位可共时活动性所形成的立体信息传递方式有辐射和聚合两种组合。其中聚合方式多用以阐释，有强化同一信息接受效率的作用；而辐射组合多用以表现，有制造相关信息丰富内涵的作用。其中，前者使用频率更高。但无论是聚合组合还是辐射组合，它们都是立体的，有强大表现力的，并因此而增强了教学体态语作为视觉艺术的直观性。尽管有声教学语言可将信息内涵按不同线性方式组合成若干同义句或其他层级同义语言单位，但它仍然是线性的，听觉的，并未增加任何更为感性与直观的东西。

譬如，一位教师在讲解《孔乙己》"排出九文大钱"一句中"排"字的时候，他一边读作品，一边郑重其事且略带夸张地数排着九文大钱，而且身子微微前后俯仰，面上几分鄙视之色，眼中几点得意之情。还不等教师演完这孔兄炫耀之举，座下已是哄笑议论，热闹非凡。究其原因，全因教师调动各部"兵马"，立体化地演活了此举内涵。而且学生自己接受信息表现出的体态语也是立体的、多通道的：他们听读、观察、露笑，甚至站立等体态语言都在同一时间内发出。这样的立体性体态语，丰富了演绎内容，激发了学生的兴趣，同时以解构方式建构语义，深刻挖掘语言美学内涵，加深了学生对接受信息的理解。

（四）可靠性

语言信息是发送信息者自觉地有意识地发出的，这往往就带来了掩饰和"择其善者而从之"的可能。而体态语多数是半无意识甚至无意识地显示出来的，因而传递的信息就更为可靠些。"察其行而知其言"和"耳听为虚，眼见为实"等都是说的这个道理。

心理学家麦热宾的实验显示，在信息传递中各载体所占比重中，文字占7%，音调占38%，面部表情占55%。它表明信息传递中体态语作为信息载体所占比重占明显优势，何况在取消满堂灌施性启发式教育思想指导下的课堂教学的今天呢。还有实验证明，体态语言的交际效果是有声语言的5倍，即使当二者不一致的时候，人们也往往注重于无声信息，而不太理会有声信息。《诗序》有云："在心为志，发言为诗。情动于中而形于言。言之不足，故嗟叹之；嗟叹不足，故咏歌之；咏歌之不足，不知手之舞之，足之蹈之。"可见，表情动作等体态语言是内在情感自然流露的极致。情动于中，故形于声；情动于中，亦形于体。声体呼应，相依相生，组成一个有机的整体，共同宣泄着内心世界的奥秘。而且"形于体"比之"形于声"更适合于内心律动，更为真实可靠。此亦即体语之隐喻性——内在体验与外在表现之间的鲜明反差。譬如，我们经常发现有这样的情况：教师在讲了某些主要语段或重要语句的深刻含义之后，再去询问学生有没有懂，学生往往会边挠脖颈或者用双手托着下巴说"能理解"。此种情况下，传递信息真实性更大的是体态语言，内涵是他们并没有完全弄懂。如果教师为言语信息所蒙蔽，倒可能让他真正不懂。

（五）连续性

语言沟通是"分离性"的，言语可以分成句子、短语和单词。话说完了，说话过程就结束了。体态语言同有声语言一样，也包括单词和句子。它的每一个体态就像一个"词"，体态群就像是"句子"，但是它的组合规律不及有声语言明显，而且不管你是端庄文静，还是手舞足蹈，体态都在传递着信息，整个过程又连续不断，不可分割。这就是说体态语在一定的时间内会连续存在。这可以从视觉暂留原理得到证明。视觉停留是$\frac{1}{24}$每秒，24幅画面在1秒钟内形成一个连续的整体，一个镜头。视觉直观比语言直观更有刺激性，大脑兴奋度高，印象持久，数个体态语的连续出现，由于各自持久性的存在，便形成了前后体态语在大脑中的连续性。而且教学体态语在必要的情况下还可以定格，正如球赛中叫"暂停"的手势可以持续刺激视觉，直到命令实现。

从心理学意义上看，体态语更有利于学生保持注意和增强感知的恒常性。而有声教学语言在实际交流过程中无法定格，除非重复，但这已不是连续性的范畴了。故而，无论从视觉暂留的角度看，还是从大脑记忆的角度看，教学体态语都体现出运动感觉的时效性，即连续性。仍以教学《孔乙己》为例，如果教师向学生演示孔乙己是如何"排"出九文大钱的，学生就能借助演示体会到入耳即过的朗读中所没有的动作持续过程，记忆自然就深刻了。

第三节 使用体态语言应遵循的原则

体态语是教师在课堂教学中经常使用的一种手段。运用得当,会使有声语言增色生辉,但运用不当,也会削弱或破坏有声语言的表达效果。因此,教师课堂体态语的运用应该讲究技巧,注意方法。概括地说,运用体态语应该适度、自然、协调。

（一）适度性原则

体态语为语言交际活动所不可或缺,但并非任何一种体态语都可以引进课堂。要根据表达内容的需要,恰如其分地运用体态语。体态语是有声语言的辅助手段,它不是人类交流的唯一工具。体态语的这种性质决定了它是受制于有声语言的。因此,体态语的运用,要有一个整体观念,做到适度。这个"度",就是服从有声语言的表达需要,为表达内容服务。对于教师课堂体态语,不可不用,更不可滥用。不用,会使语言表达呆板;滥用,就会喧宾夺主,削弱有声语言的表达效果。一般来讲,体态语大多出现在表达意义或情感过程中最主要、最关键的部分,这样,就不能要求每一句话、每一个词语都要附之以体态语。

（二）自然性原则

教师课堂体态语是教师内心情感的自然流露,这就要求体态语的运用不能故作姿态。无论是从审美的角度还是从表达的角度,体态语的运用都要自然得体,既要符合美的原则,给人以美的享受,又要是内心情感的真实流露。一方面,不要虚张声势,因为夸张的体态语只能使有声语言表达失真,丑化自己的形象;另一方面也不要做作,做作的体态总是给人以虚假的形象,会招致学生反感,必须加以避免。

（三）协调性原则

教师课堂体态语必须服从教学内容表达的需要,并与教学内容融为一体,切忌生搬硬套,矫揉造作。一方面各种体态语之间的动作要互相配合,另一方面体态语要与有声语言表达的内容和谐统一。体态语是为表达内容服务的,它应该与表达内容有机地结合起来。教师在课堂上运用体态语必须注意这一问题,否则就难以发挥其应有的功效。

（四）统一性原则

教学体态语运用的和谐与统一，包括三个方面内容。

1.教学体态语言与教学有声语言的配合统一。无论是在两者表达的内容上，还是时间和方法上，它们都要一致。只有一致，才能准确实现自己的思想和愿望，提高信息传递的效度。任何一点滞后、错位和越位，都无法收到既定效果。

2.各种体态语言之间要求一致而协调。成功的教师往往在表达某一内容时调用各种身体语言，在讲授中增添更多的表演性，而且流畅自然，从而更强烈地刺激学生的视觉接收系统。但如果这种刺激是紊乱的、生硬的，则适得其反，会影响学生对信息本身的有效接受，甚至笑话百出，根本谈不上审美愉悦了。

3.教学体态语言与作品风格、教学风格要相吻合。在一定意义上说，这种和谐统一与准确得体有交叉关系。但后者仅从动作性及其运用方式、范围、程度等表层意义上加以规范，而前者则从表现风格、审美取向等深层意义上加以约律。这需要教师对作品内涵、创作意图及意境等有深刻领会，然后创意，否则只能求形似而神不附，缺乏运用教学体态语的真正价值。一句话，教学体态语的运用务求自然、精到，不可生搬硬套。教师的一举手，一投足，一个眼神，一个微笑都应事出有因，和谐优美。在表达效果上，它需与有声教学语言配合默契，相得益彰；真正使语言锦上添花，而不是画蛇添足。这样，出现在讲台上的教师形象才会是自然的、朴实的、完美的，与之共同创造课堂教学的艺术之美。

第四节　使用体态语言的方法

一、巧妙地运用诱导的眼神

"眼睛是心灵的窗口"，人们心灵深处的东西都可以通过这个窗口折射出来。目光中既可产生批评的作用、赞扬的作用、启发的作用，也可表示鼓励、关心和提醒，还能给人以理解、力量和愉悦。在教育活动中，教师要不断地环视每个学生，使他们都在自己的视线之内，使每个学生都感到自己备受关注，以便于积极地启迪他们的思维。比如，当你正讲到精彩之处，学生们听得津津有味之时，有个别孩子小声说话、搞小动作，那么，你投以一个严肃、制止的目光，比大声呵斥更起作用。这样，既可避免伤害其自尊心，又不分散其他学生的注意力；当你的课堂上，那些性格内向、胆小怯懦的学生羞于举手发言时，你投以一个赞许、鼓励的目光，将使其精神振作、思维活跃。

二、灵活地运用面部表情

在教师与学生的交流中，面部表情起着不可估量的作用。因为教师的喜、怒、哀、乐都体现在面部。学生首先关注的是你的面部表情，你的微笑将使他们沐浴在爱的阳光下，从而自信心倍增，积极、主动地去发展。在教育活动中，教师更应该注重面部表情的运用。马卡连柯说得好，"教育的技巧，也表现在教师运用声调和控制自己的面部表情上"。我们做教师的其实就是一个表演者。例如，在《狼和小羊》这个故事中，大灰狼出现，要吃掉小羊时，教师用横眉冷对、面色铁青来表现狼凶狠残暴的样子；而当小羊哀声哭泣，请求大灰狼放掉自己时，教师用面容哀凄，眉目低垂，表现出小羊忧虑、痛苦的样子；当小狗、小猫、小马、大象帮助小羊赶跑大灰狼时，教师用笑容满面，眉飞色舞，表现出大家高兴、欢喜的样子。这样，不仅使《狼和小羊》这个故事深深地留在了学生们的脑海里，而且也使学生们对不同情感的表达受到了潜移默化的影响。反之，如果教师整日板着脸，不苟言笑，只会使学生们望而生畏、敬而远之，进而造成教育的失败。可见，灵活地运用面部表情，往往会收到事半功倍的效果。

三、适时地运用手势动作

教师的举止是"亲其师，信其道"的又一源泉。作为教师，尤其是小学教师，其一言一行、一举一动都会在学生的头脑中打下深深的印记。法国艺术大师罗丹说过，"手是会说话的工具"。教师在教育活动中，应当充分发挥手势的作用。例如，当学生们争先恐后，积极发言，乱说一气时，教师用一个"暂停"的手势，一个"举手"的动作，比你千呼万唤要灵验百倍。当学生们在别人回答问题、不注意听讲小声议论时，教师一个"嘴巴不出声"的手势，能使学生们正襟危坐，专注倾听。当教师用手势动作来做"小小指挥官"时，学生们一个比一个全神贯注，一个比一个笑逐颜开。当教师用手势来判断"对"或"错"时，既可集中学生们的注意力，又给予了他们正确的知识。当教师用手势表示10个阿拉伯数字时，比让学生们枯燥地去认识更形象、更具体。例如，还是《狼和小羊》的故事中，教师用手势表示小猫用爪子狠狠地"抓"了狼一下，小狗看准大灰狼的腿，狠狠地"咬"了一口，小羊用它尖尖的角狠狠地"顶"了一下，大象用长鼻子把大灰狼"卷"起来，用力"扔"到小河里，教师用手势将"抓""咬""顶""卷""扔"几个字形象地展示出来，使学生们深刻地理解其含义，并悟在心中，使其学以致用，往往会收到最佳的教育效果。

总之，亲切的眼神给学生以启迪，和蔼的面孔给学生以温馨，恰当的手势给学生以感染，在教育活动中，教师灵活地运用体态语言，能给学生们自信，使其走向成功。